丝绸之路经济带沿线国家物权法

邓社民 等 译

本丛书得到新疆大学2022年双一流项目和部区合建项目-中亚国家法律文本翻译与研究项目与新疆大学2023年双一流项目和部区合建项目-西北边疆治理与文献研究中心项目（23XB04）以及2023年新疆维吾尔自治区武汉大学小组团援疆项目的大力资助

PROPERTY LAW

法律出版社 LAW PRESS · CHINA
北京

图书在版编目(CIP)数据

丝绸之路经济带沿线国家物权法 / 邓社民等译. --
北京:法律出版社,2025
(丝绸之路经济带沿线国家法律译丛)
ISBN 978-7-5197-9054-7

Ⅰ.①丝… Ⅱ.①邓… Ⅲ.①物权法-研究-世界
Ⅳ.①D913.204

中国国家版本馆 CIP 数据核字(2024)第 082048 号

丝绸之路经济带沿线国家法律译丛	**丝绸之路经济带沿线国家物权法** **SICHOU ZHI LU JINGJIDAI YANXIAN GUOJIA WUQUANFA**	邓社民 等 译	策划编辑 田 浩 责任编辑 田 浩 装帧设计 汪奇峰

出版发行 法律出版社
编辑统筹 法商出版分社
责任校对 王 丰 李景美 王晓萍
责任印制 胡晓雅
经 销 新华书店

开本 710 毫米×1000 毫米 1/16
印张 12.25 **字数** 172 千
版本 2025 年 8 月第 1 版
印次 2025 年 8 月第 1 次印刷
印刷 中煤(北京)印务有限公司

地址:北京市丰台区莲花池西里 7 号(100073)
网址:www.lawpress.com.cn
投稿邮箱:info@lawpress.com.cn
举报盗版邮箱:jbwq@lawpress.com.cn
销售电话:010-83938349
客服电话:010-83938350
咨询电话:010-63939796

书号:ISBN 978-7-5197-9054-7
定价:56.00 元

丝绸之路经济带沿线国家法律译丛

目　录
Contents

第一部分　《哈萨克斯坦共和国民法典》物权法编 …………………… (1)

第二编　所有权和其他物权 …………………… (2)

第八章　所有权的一般规定 …………………… (2)

第九章　经营权 …………………… (5)

第十章　业务管理权 …………………… (7)

第十一章　共有财产权 …………………… (8)

第十二章　共同经营合同（普通合伙） …………………… (14)

第十三章　所有权和其他物权的取得 …………………… (16)

第十四章　所有权和其他物权的终止 …………………… (23)

第十五章　所有权和其他物权的保护 …………………… (26)

第二部分　《吉尔吉斯共和国民法典》物权法编 …………………… (28)

第二编　所有权和其他物权 …………………… (29)

第十章　一般规定 …………………… (29)

第十章之一　土地的所有权和其他物权 …………………… (33)

第十一章　房屋所有权和其他物权 …………………… (38)

第十二章　所有权的取得 …………………… (40)

第十三章　所有权共有 …………………… (46)

第十四章　所有权的终止 …………………………………………… (51)
第十五章　所有权和其他物权的保护 ……………………………… (53)

第三部分　《塔吉克斯坦共和国民法典》物权法编 ………… (56)
第二编　所有权和其他物权 ………………………………………… (57)
第十一章　一般规定 ……………………………………………… (57)
第十二章　所有权的取得 ………………………………………… (60)
第十三章　所有权的终止 ………………………………………… (66)
第十四章至第十六章　删除 ……………………………………… (69)
第十七章　共有及其类型 ………………………………………… (69)
第十八章　限制物权 ……………………………………………… (74)
第十九章　所有权和其他物权的保护 …………………………… (77)

第四部分　《乌兹别克斯坦共和国民法典》物权法编 ……… (79)
第二编　所有权和其他物权 ………………………………………… (80)
第十三章　一般规定 ……………………………………………… (80)
第十四章　经营权和业务管理权 ………………………………… (82)
第十五章　所有权的取得和终止 ………………………………… (83)
第十六章　个人所有权 …………………………………………… (89)
第十七章　公共财产权 …………………………………………… (91)
第十八章　共有财产权 …………………………………………… (92)
第十九章　所有权及其他物权的保护 …………………………… (96)

第五部分　《土库曼斯坦民法典》物权法编 ………………………… (98)
第二编　物权（财产权） …………………………………………… (99)
第一分编　财产权 ………………………………………………… (99)
第二章　占有 ……………………………………………………… (101)

第三章　所有权 …………………………………………………………… (103)
第四章　公寓所有权 ……………………………………………………… (109)
第五章　使用他人财产的限制 …………………………………………… (117)
第六章　担保物权 ………………………………………………………… (121)

第六部分　《乌克兰民法典》物权法编 ………………………………… (132)
第三部分　所有权及其他物权 ………………………………………… (133)
第一编　所有权 …………………………………………………………… (133)
第二十三章　所有权总则 ………………………………………………… (133)
第二十四章　所有权的取得 ……………………………………………… (135)
第二十五章　所有权的终止 ……………………………………………… (141)
第二十六章　共有所有权 ………………………………………………… (144)
第二十七章　土地所有权 ………………………………………………… (149)
第二十八章　房屋所有权 ………………………………………………… (151)
第二十九章　所有权保护 ………………………………………………… (153)
第二编　其他财产的物权 ……………………………………………… (155)
第三十章　其他财产物权的一般规定 …………………………………… (155)
第三十一章　占有他人财产的权利 ……………………………………… (155)
第三十二章　使用他人财产的权利 ……………………………………… (156)
第三十三章　农业用地使用权 …………………………………………… (158)
第三十四章　使用他人土地进行建筑的权利 …………………………… (159)

第七部分　《白俄罗斯共和国民法典》物权法编 ……………………… (162)
第二编　所有权和其他物权 …………………………………………… (163)
第十三章　一般规定 ……………………………………………………… (163)
第十四章　所有权的取得 ………………………………………………… (165)
第十五章　所有权的终止 ………………………………………………… (175)

第十六章 共有 …………………………………………………… (178)
第十七章 不动产物权 ……………………………………………… (183)
第十八章 住房的所有权和其他物权 ……………………………… (185)
第十九章 经营权和业务管理权 …………………………………… (186)
第二十章 所有权和其他物权的保护 ……………………………… (189)

第一部分　《哈萨克斯坦共和国民法典》物权法编

（李艳　译　邓社民　张源洁　校对）

《哈萨克斯坦共和国民法典》物权法部分1994年12月27日经哈萨克斯坦共和国最高委员会（269－Ⅻ）通过，1995年3月23日生效。1997年至2023年先后修改了23次。此文本根据2023年1月2日修改的文本翻译而成。

目　　录

第二编　所有权和其他物权

第八章　所有权的一般规定

第九章　经营权

第十章　业务管理权

第十一章　共有财产权

第十二章　共同经营合同（普通合伙）

第十三章　所有权和其他物权的取得

第十四章　所有权和其他物权的终止

第十五章　所有权和其他物权的保护

第二编　所有权和其他物权

第八章　所有权的一般规定

第一百八十八条　所有权的内容和概念

1. 所有权是受立法行为承认和保护的，权利主体根据自己的意志占有、使用和处分属于他的财产。

所有权在交易之时附带的所有负担转让给他人。

2. 所有权人拥有占有、使用和处分自己财产的权利。

占有权是实际占有财产具有法律约束力的可能。

使用权是从财产中得到有益的自然属性具有法律约束力的可能，以及获得利益。利益可以表现为收入、增量、孳息、增值和其他形式。

处分权是确定财产法律命运的具有法律约束力的可能。

3. 所有权人有权按照自己的意愿对其财产采取任何行动，包括将该财产转让给他人，在仍然是所有权人的情况下，将其拥有、使用和处置财产的权利转让给他人，抵押财产，以其他方式负担，以其他方式处分财产。

4. 所有权人行使权利不得侵犯他人和国家的权利与受法律保护的利益。对权利和合法利益的侵犯，除其他形式外，可表现为所有权人滥用其垄断地位或其他支配地位。

所有权人有义务防止在其行使权利时对公民健康和环境造成损害。

5. 所有权是无限期的。所有权只能根据本法典的规定强行终止。

6. 在法律规定的条件和范围内，所有权人有义务允许他人有限地使用其财产。

第一百八十九条　维护财产的责任

1. 除非法律或合同另有规定，所有人应承担维护其财产的责任，并且不得单方面将这种负担转嫁给第三方。

2. 如果财产合法地由第三人持有，第三人为维护他人财产而支付的费用应由所有人补偿，除非合同另有规定。

不向恶意和非法占有物的人补偿维护财产的费用（本法典第二百六十三条）。

第一百九十条 财产意外损坏或意外灭失的风险

1. 被转让物品意外死亡或损坏的风险在取得所有权的同时转移给买受人，除非法律或者合同另有规定。

2. 如果因出让人的过失延误物的转让，或者因受让人的过失延误货物的接收，则延误的一方应承担意外损坏或意外灭失的风险。

第一百九十一条 私有财产的概念和类型

1. 私有财产是公民和非国家法人和其协会的财产。

2. 根据法律规定，除某些类型财产不得归公民或法人所有外，任何财产都可以归私有财产。

私有财产的数量和价值不受限制。

第一百九十二条 国家所有权

1. 国家所有权表现为共和国和公共所有权。

2. 共和国所有权由国库和根据法律规定配备给共和国法人的财产组成。

共和国预算资金，本法典第一百九十三条所列的国家所有权对象以及未划拨给国家法人的其他国有财产构成哈萨克斯坦共和国的国库。

3. 公共财产由地方国库和根据法律规定配备给公共法人的财产组成。

地方预算资金和未分配给国家法人的其他公共财产构成地方国库。

3－1. 公共财产按照地方国家管理区域划分（共和国重要城市，首都）和地区（区域重要城市）

4. 国有财产可以配备给国有法人经营权或业务管理权。

5. 由个别国家机构管理的国有财产的法律制度的特点由法律确定。

6. 国家财产从一种国家财产转移到另一种国家财产应根据哈萨克斯坦共

和国国有财产法进行。

私有财产向国家自愿和无偿转让应按照哈萨克斯坦共和国关于国家财产的法律规定的程序进行。

公共财产从一个地方政府管理级别移转到另一个地方政府管理级别，应根据哈萨克斯坦共和国关于国有财产法律规定实施。

7. 本条的规定适用于除国家财产所有权以外的相应民事权利，除非哈萨克斯坦共和国关于国家财产的法律另有规定或与民事权利的实质不相冲突。

第一百九十三条　土地和其他自然资源所有权

土地、其地下、水、动植物界、其他自然资源属于国家所有。土地可以根据法律规定的条件和范围属于私人所有。

为了哈萨克斯坦人民的利益，国家通过国家所有权行使财产权。

土地也可以根据法律规定的理由、条件和范围私有化。

第一百九十三条之一　战略目标

1. 具有对哈萨克斯坦共和国社会可持续发展有社会经营意义的物是战略目标，占有和（或）使用和（或）处分该物将影响哈萨克斯坦共和国的国家安全状况。

2. 战略目标可包括：主要铁路网；干线管道；国家电网；中继通信线；广播设施（地面和卫星电视及无线电广播系统的工业和技术综合体）；炼油行业；容量至少为50兆瓦的能源生产设施；国家邮政网；国际机场；具有国际地位的海港；空中交通管制系统的空中导航设备；调节和保证航行安全的设备和航行标志；核设施；处理致病性Ⅰ类生物病原体的固定、具有潜在危险性的生物设施；航天工业设施；供水设施；公共道路；以及拥有战略客体的法人的股份（权益、份额），拥有战略客体自然人和法人的股份（权益、份额），有能力直接或间接确定决策或影响法人的决策。

根据哈萨克斯坦共和国的法律，战略客体可以归国家和私人所有。

3. 根据哈萨克斯坦共和国政府关于发放许可证的决定和哈萨克斯坦共和国关于国有财产法律规定的程序确定第三方权利负担或转让战略客体。

4. 在公民或非国家法人打算进行战略客体转让交易的情况下，以及战略客体被复权人或者破产管理人追偿或者抵押权人以非司法程序实现抵押财产（战略客体），或者根据司法法令追偿战略客体，根据哈萨克斯坦共和国国家财产法律规定的条件哈萨克斯坦共和国拥有战略客体的优先购买权。

战略目标的市场价值是根据哈萨克斯坦共和国关于评估活动的法律和哈萨克斯坦共和国关于国有财产法来确定的。

战略客体优先购买权使用程序由哈萨克斯坦共和国国有财产法确定。

5. 由第三方权利负担战略客体或者其转让违反本条第三款和第四款要求的，此种交易无效。

第一百九十四条　住宅所有权和其他物权

住宅所有权和其他物权行使的特殊性由住宅法调整。

第一百九十五条　非所有者的物权

1. 除所有权外，物权还包括：

（1）土地使用权；

（2）经营权；

（3）业务管理权；

（3－1）限制他人使用不动产的权利（地役权）；

（4）本法或其他法律规定的其他物权。

2. 关于所有权的规则应适用于物权，法律另有规定或与该物权的性质相冲突的除外。

3. 除非哈萨克斯坦共和国法律另有规定，财产所有权转移给他人不是终止该财产其他物权的理由。

第九章　经　营　权

第一百九十六条　国有企业的经营权

1. 经营权是作为所有权人从国家获得财产并在本法典和哈萨克斯坦共和国法律规定的范围内行使该财产占有、使用和处分权的国有企业的物权。

2. 国有企业行使经济经营权的特点由哈萨克斯坦共和国国有财产法确定。

第一百九十七条　经营权的客体

经营权的客体可以是任何财产，哈萨克斯坦共和国的法律另有规定除外。

第一百九十八条　经营权的取得和终止

1. 财产经营权由所有权人决定分配给已经成立的国有企业，在该企业财产分配在企业的独立资产负债表上之时产生。除非法律或所有权人的决定另有规定。

2. 使用经营中的财产所产生的孳息、产品和收入，以及企业根据合同或其他理由获得的财产，应当按照法律规定取得所有权的程序，进入企业经营。

3. 根据法律规定的终止所有权的理由和程序，以及在根据所有权人的决定合法收回的企业财产的情况下，终止财产经营权。

第一百九十九条　经营中的财产所有权

经营中的财产所有权人根据法律决定企业的成立、企业活动目标和宗旨的确定、企业的重组和清算，并监督属于企业财产的使用用途和维护。

所有人有权从其所成立的企业经营财产使用中获得部分净收入。

第二百条　国有企业财产权行使的条件

1. 从事经营权活动的国有企业，除法律另有规定外，未经所有者或其授权的国家机关书面同意无权：

（1）转让或以其他任何方式处分（本条规定的情况除外），长期租赁（三年以上），临时无偿使用属于其的建筑物、构筑物、设备和企业的其他固定资产；

（2）设立分支机构、代表处，与私营企业主共同建立企业和合资生产，把自己的生产资本和货币资本投入其中。

（2－1）处分属于其股份（本条规定的情况除外）以及应收款；

（3）提供贷款；

（4）为第三方债务提供担保或保证。

2. 除哈萨克斯坦共和国法律另有规定外，国有企业独立处分依附于其经营权的财产，不属于固定资产。

有经营权的国有企业无权出售和进行属于国有企业固定资产，以及属于其股份财产的捐赠行为。

第二百零一条　国有企业参与关系所有权规定的扩展

本法典关于所有权的规定应扩展到国有企业参与的财产关系，除本法典和其他法律另有规定外。

第十章　业务管理权

第二百零二条　业务管理权的概念和内容

1. 业务管理权是所有者资金资助的机构和从所有者那里获得财产的国有企业，并在哈萨克斯坦共和国法律规定的范围内，根据自己活动目的，所有权人的任务和财产用途行使该财产占有、使用和处分权的物权。

2. 《哈萨克斯坦共和国国有财产法》和《哈萨克斯坦共和国地方管理和自治法》规定国家企业和国家机构业务管理权的行使特点。

第二百零三条　业务管理权的取得和终止

业务管理权的取得和终止按照本法典第十三章和第十四章规定的条件和程序进行，哈萨克斯坦共和国另有规定的除外。

第二百零四条　转移到业务管理中的财产所有权人的权利

1. 根据哈萨克斯坦共和国法律，业务管理中财产的所有人决定机构、国有企业，确定其活动的目标和宗旨问题，有权确定机构、国有企业，其活动内容的法律命运。

2. 所有权人监督由所有权人转让财产的使用效率和机构、国有企业的维持。

3. 如果一个机构是由数个所有者创建的，则他们之间的关系和所有者管理其财产的权利由设立合同或类似协议确定。

第二百零五条　所有权人收回和重新分配转为业务管理的财产权

配备给机构或国有企业的财产所有权人有权收回该财产或在其自行决定

的其他法人之间重新分配该财产，哈萨克斯坦共和国法律另有规定除外。

第二百零六条　机构财产的处分

机构无权独立转让或以其他方式处分配备给他的财产和分配给他的预算资金财产。

哈萨克斯坦共和国的法律规定国家机构开展创收活动的特征。

第二百零七条　国有企业和机构债务设立人的责任

1. 国有企业应以其所支配的资金承担自己的责任。

国有企业资金不足时，哈萨克斯坦共和国或行政区划单位以相应预算承担其债务的补充责任。

2. 机构的责任以本法典第四十四条第一款规定的程序进行。

第二百零八条　机构所有权的移转

在机构的所有权转让给另一人时，该机构保留属于其财产的业务管理权。

第十一章　共有财产权

第二百零九条　共有的概念和产生依据

1. 两个或两个以上人所有的财产，属于他们共有财产。

2. 共有财产可以约定各所有权人的份额（按份共有），也可以不确定各自的份额（共同共有）。

3. 除法律允许对某财产享有共同共有的情形外，财产的共有为按份共有。

4. 共有财产产生于两人或两人以上的财产，包括在不改变其用途的情况下不能分割（不可分割的物品）的财产，或根据法律不能分割的财产。

对可分割财产的共同所有权在法律或者合同规定的情况下产生。

5. 按照共同所有权人的协议，在协议无法实现时，根据法院判决可以确定这些人的共同财产按份所有。

6. 不动产所有权可采取共有制形式，其中不动产的独立部分属于公民或者法人的单独所有权，而那些不存在单独所有权的部分不动产归属按份共有所有权不动产部分所有权人。

每个所有者在共同财产中的份额与属于他的不动产部分单独所有权密不可分。

每个所有者在共同财产中的份额大小和分摊维持费的程度取决于单独所有权不动产部分的大小，除法律或者合同另有规定外。

不同类型共有法律制度的特点可以由法律确定。

7. 共同投资基金资产按份共有所有权法律制度的特征由哈萨克斯坦共和国关于投资基金的立法确定。

第二百一十条 按份共有权中份额的确定

1. 如果按份共有人之份额不能依法确定，也不能以全体共有人的协议确定，则应视为等额共有。

2. 全体按份共有人可以协议规定根据每个人在共有财产的形成、取得和增值方面的贡献确定和变更其份额。

第二百一十一条 与按份财产改良相联系的按份共有人的权利

1. 自费对共有财产使用规定程序进行了不可分割改良的按份所有权人，有权在共同财产权中相应增加自己的份额。

2. 除非共同财产按份参加人的协议另有规定，共同财产的单独改良应归生产它们的参加人所有。

第二百一十二条 按份共有财产的处分

1. 对按份共有财产的处分按照全体参加者的协议进行。

2. 每个按份共有人有权自行出售、赠与、遗嘱、抵押或以符合本法典第二百一十六条规定的其他方式处分其份额。

第二百一十三条 按份共有财产的占有和使用

1. 对按份共有财产的占有和使用应依照全体共有人的协议进行，在不能达成协议时，依照法院规定的方式进行。

2. 每个按份共有人有权提供每个按份共有人有权占有和使用与其份额相称的共有财产的部分，而在这样做不可能时，有权要求占有和使用其份额财产的其他成员支付相应金额或者其他赔偿。

第二百一十四条　按份共有财产的孳息、产品和使用收益

按份共有财产使用所得的成果、产品和收入应归入共有财产。成果、产品和收入随后在按份共有人之间按其份额分配，除他们之间的协议另外规定外。

第二百一十五条　按份共有财产的维护费用

每个按份共有人有义务以自己的份额分担共同财产的税收、费用和其他付款，以及维护和保护共同财产的成本。

第二百一十六条　优先购买权

1. 在将按份所有权的份额出售给第三人时，除公开拍卖外，按份财产的其余参加者按照出售价格的同等条件享有优先购买权。在所有按份财产参加人未同意时，公开拍卖按份财产所有权份额可以在本法典第二百二十二条第二款规定和其他法律规定的情况下进行。

2. 共有财产份额的卖方有义务书面通知其他按份共有人将向他人出售自己的份额的意图，并指明其价格和其他出售条件。如果其他按份共有人放弃购买或者在自通知之日起一个月内没有购买不动产所有权中所出售的份额，对于其他共有财产，自通知之日起十日内没有购买所出售的份额，该卖方有权将自己的份额出售给任何人。

3. 在违反优先购买权的情况下出售份额时，按份所有权的任何其他参与者有权在三个月内要求法院将买方的权利和义务转让给他。

4. 份额的优先购买权不得转让。

5. 本条规定也可适用于按照互易合同的份额转让。

6. 本条规定不适用于转让战略设施的情况。

第二百一十七条　共有权份额依照合同向取得人转移的时间

按份所有权的份额自合同订立之时起转让给合同买受人，当事人的协议另有规定的除外。

根据应进行国家登记或公证的合同转让按份所有权份额的时间，根据本法典第二百三十八条第二款的规定确定。

第二百一十八条　按份共有财产的分割和份额的分出

1. 按份共有财产可以按照共有人之间的协议在共有人之间分割。

2. 按份共有人有权要求将自己的份额从共有财产中分出。

3. 在按份共有人未能就共有财产分割或将某一共有人的份额分出的方式和条件达成一致时，按份共有人有权要求将自己的份额以实物形式从共有财产中分出。如果法律不允许分配实物份额或者以实物形式分出份额可能对共有财产造成严重损害，则请求分出份额的所有权人有权要求其他按份共有人支付其份额的价值。

4. 根据本条分配给按份共有人的实物财产不相称，应通过支付相应的金额或其他补偿予消除其在所有权中的份额。

经按份共有人同意允许其余所有人向其支付补偿代替以实物分出其份额。如果该所有权人的份额很小，不可能实际分出时，而该共有人对使用共同财产并无重大利益时，法院也可以在不经该人同意的情况下责成其余按份共有人向他进行补偿。

5. 依照本条第三款和第四款获得补偿时，该所有权人丧失对共有财产中份额的权利。

6. 如果不能按照本条第三款和第四款规定的规则分割共同财产或分配其份额，法院应决定公开拍卖财产，随后在共有人之间分配与其份额相称的收入金额。

第二百一十九条　共同共有

1. 一般共有的形式有：

（1）夫妻共有；

（2）农户农庄成员共有；

（3）私有房屋的共有。

2. 法律也可以规定其他类型的共同共有。

3. 共同共有财产的设立和存在，参与者之间的合同另有规定的除外。

第二百二十条　共有物的占有、使用和处分

1. 除非共有人协议另有规定，共同所有人应共同占有和使用共同财产。

2. 共同共有财产的处分须经所有共有人的同意，而不论处分财产的行为是由哪个共有人进行的。

3. 共同财产的每个共有人有权进行共同财产的处分行为，除非所有共有人的协议另有规定。只有在证明交易的另一方当事人知道或者应当知道的情况下，由一个共有人进行与共同财产处分相联系的行为，因从事法律行为必要权力的共有人缺席，而按照其余共有人的请求被认定无效。

在进行需要公证或国家登记的交易时，共同财产其他共有人同意交易必须经公证程序确认。

4. 如果本法典或者其他法律没有对特定种类的共同共有有不同规定，均适用本条第一款至第三款。

第二百二十一条　共同共有财产的分割与份额的分出

1. 在共同共有人之间分割共有财产，以及将一共同共有人的份额分出，可以在预先确定每个共有人对共有财产的权利份额的条件下进行。

2. 在分割共有财产和分出份额时，除非法律或共有人另有约定，其份额应被视为平等。

3. 共同财产分割和分出份额的根据和程序由本法典第 218 条的规则确定，由于对特定类型的共同财产本法典、其他法律没有另外规定和不是根据共有人关系的实质。

第二百二十二条　共同财产中份额的追偿

1. 按份或共同共有人的债权人，在后者的其他财产不足时，为了追偿有权要求分出债务人在共有财产中的份额。

2. 如果其余共有人拒绝获得债务人的份额，债权人有权请求法院通过公开拍卖出售债务人在共同财产中的份额追偿。

3. 如果在这种情况下实物份额分配不可能，或按份所有人或共同共有人的其他成员对此表示反对，债权人有权要求债务人以与该份额市场价值相当的价格将其份额出售给共同共有人的其他成员，并将出售所得用于偿还债务。

第二百二十三条 夫妻共有

1. 夫妻双方在婚姻存续期间获得的财产是他们的共同财产，除非他们之间的合同规定该财产是夫妻双方的按份财产，或属于夫妻一方或相应部分夫妻每个人的所有权。

2. 夫妻婚前财产以及在婚姻期间因接受赠与或者依照继承程序而取得的财产，以及法律规定的其他财产属于夫妻的个人财产。

个人使用的物品（衣服、鞋子等），除了珠宝和其他奢侈品外，尽管在婚姻中以牺牲配偶的共同财产为代价购买，但仍被视为一方个人所有。

如果确定在婚姻存续期间由于夫妻共同财产进行的投资大大增加了该财产价值，则夫妻一方的财产可以被视为共同财产（重大维修、改建、装修等）。

3. 按照夫妻一方的义务，只能对其所拥有的财产以及在夫妻共同财产中分割该财产时应得的份额提起追偿诉讼。

4. 夫妻共有物权的定义由哈萨克斯坦共和国婚姻和家庭法规定。

第二百二十四条 农户或农庄的财产

1. 农场的财产属于其成员共同所有权，他们之间的合同另有规定的除外。根据共同经营合同以普通合伙形式组建的农场的财产属于其成员按份共同所有权。

以个体经营为基础的农场的财产属于私人所有权。

2. 农户或农场成员可以拥有由农场成员转让和（或）用农户成员共同基金购买的土地，土地上的种植，包括私人森林基金种植，野生动物，养殖和饲养和在囚禁和（或）半自愿条件下的圈养、农业和其他建筑、土壤改良和其他设备、生产和工作牲畜、家禽、农业和其他技术和设备、车辆、工具和其他财产。

3. 农民或农场经营获得的果实、产品和收入是农民或农场成员的共同财产，并根据他们之间的协议使用。

第二百二十五条　农户或农庄财产的分割

1. 在农户或农场由于其所有成员退出或者其他理由终止时，共同财产根据本法典第二百一十八条和第二百二十一条的规定进行分割。

2. 属于农户或农庄的生产资料，如果其中一名成员退出农场，则不得分割。退出农场的人有权获得与其在共同财产中份额相称的金钱补偿。

3. 在本条第一款和第二款规定的情况下，农户或农庄成员对经营活动财产之共同共有权份额被确认为均等的，但他们之间的协议有不同约定的除外。

第二百二十六条　在农民或农场改组为合伙企业或合作社时的财产法律制度

1. 重组的农民或农场作为法人拥有农民或农场成员以存款和其他缴款形式转让给它的财产，以及由于其活动获得和根据不与法律相冲突的其他理由购买的财产所有权。

2. 作为合伙企业成员或合作社成员的农户或农场成员的存款额，根据他们在农户或农场财产共同所有权中所占的份额，按照本法典第二百一十八条或第二百二十五条第三款规定的程序确定。

第二百二十七条　私有化住房的共同所有权

根据哈萨克斯坦共和国国家财产和住房关系法，由雇主赎买或免费获得的公共住房中的住房转为雇主和家庭成员与其经常居住的共同财产，包括未成年人和暂时不在的家庭成员，他们之间的合同另有规定的除外。私有化住房共有权特点由住房关系法确定。

第十二章　共同经营合同（普通合伙）

第二百二十八条　普通合伙

1. 普通合伙根据共同经营合同成立。

根据共同经营合同（普通合伙合同），当事人为了获得利润或者达到不与法律冲突的目的承诺共同行动。

普通合伙不是法人。

2. 共同经营合同（普通合伙合同）由公民、公民和法人之间、法人之间（财团）签订。

3. 普通合伙人与共同经营合同相联系对第三人的债是连带债务，除共同经营合同另有规定外。

第二百二十九条 合同双方公共事务的管理

共同经营合同参加者共同事务管理根据他们的共同协议进行。根据彼此协议，他们可以委托参加者中的一人管理共同经营和共同事务，在这种情况下，该人根据合同的其余参加者的授权行事。

第二百三十条 合同双方的共有财产

1. 为了实现自己目标，共同经营合同的参加者应以金钱或其他财产或通过劳动投入出资。

2. 合同参加者的金钱或其他财产付款，以及由于他们的共同经营创造或获得的财产，是他们的共同按份财产。

3. 删除。

4. 本法典关于共同按份共有的规范应适用于协议双方的财产，本章、其他法律或关于共同活动的协议另有规定除外。

第二百三十一条 合同双方的一般费用和损失

共同经营的共同支出和由此产生的损失的承担程序由参加者协议确定。如果合同没有规定这种程序，则总支出和损失由合同参加者的共同财产承担，差额按其在该财产中的份额在他们之间分摊。

第二百三十二条 权利转让和拒绝参加联合活动

1. 只有征得共同经营合同（普通合伙合同）参加者的同意，才能转让参与共同经营权利。

2. 共同经营合同（普通合伙合同）的参加者有权自行拒绝参加共同经营。

3. 参加者中任何一个人拒绝参加共同经营造成参加者的损失应全额追偿，除共同经营合同（普通合伙合同）另有规定外。

第二百三十三条　财团

1. 财团是基于共同经营合同的临时自愿平等联盟（联合），法人实体在其中汇集资源并协调努力以解决具体的经济任务。

2. 财团的参与者保持经营独立性，并可以参加其他财团和协会的活动。财团成员之间的关系是建立在合同基础上的。

3. 财团的管理是根据财团参与者的财团协议进行的。

4. 财团的参加者应对财团活动相关的义务承担连带责任，财团协议另有规定除外。

5. 财团按照完成目标任务或者其参加者的决定终止自己的活动。

第二百三十四条　某些类型的联合活动的规则

某些类型的共同经营根据本法典由哈萨克斯坦共和国法律调整。

第十三章　所有权和其他物权的取得

第二百三十五条　取得所有权的理由

1. 新物的所有权属于制造或创造该新事物的人，合同或法律另有规定的除外，根据本法典第一百二十三条取得因使用财产获得孳息、产品和收入的所有权。

2. 所有权人的财产所有权可以在买卖、互易、赠与或者其他转让该财产交易合同的基础上取得。

在公民死亡的情况下，属于其财产的所有权根据遗嘱或法定继承转移给其他人。

在法人改组的情况下，属于其财产的所有权转让给重组法人的继受人（本法典第 46 条）。

除本法典规定的情况外，不得不顾所有人的意志，将所有人的财产转让给其他人。

3. 在本法典规定的情况下和按照本法典规定的程序，个人可以取得没有所有人，所有人不明或所有人放弃或因其他原因丧失所有权财产的所有权。

3－1. 在哈萨克斯坦共和国法律规定的情况和程序下，国家在征用、国有化、强制没收土地，包括用于国家需要，以及在由于没收土地的不动产转让时取得财产所有权。

4. 消费者合作社成员（住房、住房建设、别墅、车库或其他），其他有股金积累权的人，为合作社提供给该人使用的公寓、别墅、车库或其他场所全额缴纳自己股金的，取得该财产所有权。

第二百三十六条　新造不动产所有权之产生

1. 在建建筑物、设备和其他财产综合体以及其他重新建造的不动产的所有权自该财产完成之时产生。

2. 如果法律或合同规定接受已完工的建筑项目，则自接受之时起，有关财产的建造即告完成。

3. 在不动产须经国家登记的情况下，其所有权自登记之日时产生。

4. 在不动产建造完成之前，而在其国家登记情况下，不动产所用材料和其他财产的所有权规则适用于该财产。

第二百三十七条　加工

1. 除合同另有规定外，一人通过加工不属于他的材料制造的新的动产所有权，由材料的所有人取得。

但是，如果加工价值大大超过材料价值，善意为自己加工的人将获得新物的所有权。

2. 除合同另有规定外，获得制成物所有权的材料所有人，有义务赔偿进行加工的人的加工费用，而在该人获得新物所有权情况下，则有义务相应地向材料所有人赔偿加工费用。

3. 由于加工人员的不诚实行为而丢失了材料，材料所有人有权要求移转新物所有权和赔偿其应得的损失。

第二百三十八条　合同买受人取得所有权的时间

1. 买受人合同财产所有权从物转让时起产生，除法律或合同另有规定外。

1－1. 如果根据合同买受人的所有权应进行国家登记，那买受人的所有权从登记之时起产生，法律另有规定的除外。

2. 如果财产转让合同须经国家登记或公证，则买受人的所有权自登记或公证之时起产生，必要时既要公证，也要国家登记的合同从其登记之时起产生。

第二百三十九条　物的交付

1. 交付是指将物交给买受人，以及交付运输组织运送给买受人和将无义务交付转让的物寄送给买受人，法律或合同另有规定的除外。

2. 如果在物的转让合同订立时买受人已经占有该物，则物自这个时刻起被视为已被转让。提单或其他物的管理文件的转交等同于物的转让。

第二百四十条　取得时效

1. 不是财产所有人的公民或者法人，善意、公开和持续地作为自己所有占有不动产七年，或者其他财产不少于五年的，取得这个财产的所有权（取得时效）。

须经国家登记的不动产和其他财产的所有权，自登记之时起因取得时效获得该财产的人享有。

2. 在获得财产所有权之前，以自己所有占有财产的公民或法人有权保护自己的占有对抗不是财产所有人，以及因法律和合同规定的其他理由无权占有财产的第三人。

3. 援引占有时效的公民或法人可以在所有时间拥有自己的占有，他们时在占有期间占有该物的继承人。

4. 取得时效的期间从占有物之时起计算。

第二百四十一条　收集或者开采公共物所有权的流通

如果根据法律、当地习俗或所有人的一般许可，允许在森林、水体或其他领土上采集浆果、捕鱼、狩猎、收集或开采其他物品，则从事收集或开采的人获得相应物的所有权。

第二百四十二条　无主物

1. 无主物，是指没有所有权人或者所有权人不明，以及所有权人抛弃其所有权的物。

2. 如果所有权人抛弃物（本法典第二百四十三条），遗失物（本法典第二百四十五条），无人监管的动物（本法典第二百四十六条）和埋藏物（本法典第二百四十七条），则可以通过取得时效规定（本法典第二百四十条）取得无主的动产所有权。

3. 根据共和国重要城市、首都、地区、州重要城市的地方行政机关的申请，无主不动产由国家不动产权利登记机关登记并查明其区划。自无主不动产登记之日起满一年，地方行政机关应当向法院申请认定该物已进入公共财产。

如果所有权人通过宣布放弃所有权，地方执行机构将向法院上诉，要求承认该事物自宣布拒绝之日起即属于公共所有。

登记、储存、评估、进入公共财产的财产进一步使用和处置工作的组织由地方行政机关进行。

公民或非国家法律持有的无主不动产，作为自己所有占有这些财产的，不得登记并转入公共财产。

登记、储存、评估、进一步使用和处置进入进入国家财产的财产的程序由哈萨克斯坦共和国政府确定。

在另一人对该财产拥有所有权之前的任何时候，所有人有权申请撤销属于其不动产登记作为无主物和重新占有。

第二百四十三条 所有权人抛弃的动产

1. 所有人为了放弃抛弃物所有权抛弃或以其他方式抛弃的动产可以由其他人按照本条第 2 款规定的程序变为自己的财产。

2. 价值明显低于 20 个月的估计值金额的抛弃物，或被抛弃的金属废料、有缺陷的产品所在土地的所有、占有或使用人，有权通过开始使用这些物品或采取其他行动的物证，将这些物品变成自己的财产。

其他抛弃物由该占有人向法院申请确认为无主物时才能由该人所有。

第二百四十四条 违章建筑

1. 违章建筑是指不是在国有土地上、在不属于建房者的土地上以及根据哈萨克斯坦共和国土地法、哈萨克斯坦共和国建筑、城市规划和建筑活动法以及哈萨克斯坦共和国的其他法律建造的住宅、其他建筑、建筑物。

2. 违章建造房屋的人不得获得该房屋的所有权。他无权处置建筑物——出售、赠送、出租或从事其他交易。

违章建筑应由建筑者拆除，或由建筑者承担费用，但本条第 3 款和第 4 款规定的情况除外。

3. 违章建筑所有权可以由法院认定归属于在不属于其土地上建造房屋的人。

符合哈萨克斯坦共和国建筑、城市规划和建筑业法的条件，在征得土地所有人的同意并向后者支付赔偿金的情况下，法院可以承认开发商在不属于其土地上违章建造房屋的所有权，但国家拥有的土地除外。

法院可以承认违章建筑所有权归属于建筑物所在土地的合法使用人。在这种情况下，被认定拥有该建筑物所有权的人，应按法院确定的数额向建造它的人补偿建造费用。

如果保留该建筑会侵犯其他人的权利和受法律保护的利益，或会危及公民的生命和健康的，则不得认定这些人对违章建筑的所有权

4. 考虑到违章建筑的社会经济可行性，一个人在属于国家和不属于土地使用的地块（未形成地块的土地）上建造的房屋，补偿由法院确定的建筑费用金额，移转为公共财产。

在国有土地使用者使用的土地上进行擅自建筑时，考虑到社会经济可行性，从预算资金中补偿法院确定的建筑费用，违章建筑转为公共财产。

第二百四十五条　拾得物

1. 拾得遗失物的人必须立即通知遗失物人或物的所有人或他认识的任何其他有权获得物的人，并将拾得物归还给他。

如果在房屋或运输工具中拾得物，物应当交给房屋或运输工具占有人的代表人。在这种情况下，这个占有人享有拾得物人的权利和承担拾得物人的义务的建筑费用，违章建筑转为公共财产。

2. 如果有权获得拾得物的人下落不明，物的拾得人必须向内政部机关或共和国重要城市、首都、地区、州重要城市的地方行政机关申报拾得物。

3. 物的拾得人有权自己保护拾得物或者存放在内部事务机构，交由民警机关、地方自治机关或他们所指定的人保管。易腐物品或其保管费用与其价值不相称的物品，可以由物的拾得人在收到确认收入数额的书面证据后出售。通过出售拾得物赚取的金钱应被存储起来，并返还给有权领取该物的人，或者将所有权以合理对价和物品规定好的条件转移给其他人。

拾得人仅在故意或有重大过失的情况下在该物的价值范围内对拾得物的丧失和毁损负责。

4. 如果从向内政部机关或共和国重要城市、首都、地区、州重要城市的地方行政机关申报拾得物之日起满六个月，有权获得丢失物的人未确定或者没有向拾得人或者内政部机关或共和国重要城市、首都、地区、州重要城市的地方行政机关提出其权利要求，拾得人获得其所有权。

如果遗失物的拾得人拒绝将拾得物归己所有，则该物归国家所有。

5. 物归原主的人有权从物主处，而在物转为公共财产的情况下，从有关地方执行机关获得与物的保管、交付和变卖有关的必要补偿费用和查明有权获得物的人的费用。

6. 物的拾得人有权要求取得物的人给予拾得物之价值的百分之三十以内的报酬。如果拾得物仅对有权领取物品的人有价值，则报酬数额将根据当事人的估价确定。

如果拾得人未能履行申报拾得物义务，或从事隐瞒拾得物的其他行为，则不产生获得报酬的权利。

第二百四十六条　无人监管的动物

1. 无人监管的或迷失的牲畜或者其他家畜或者驯化动物的扣留人有义务将其返还所有人，如果所有人或其住址不明，从扣留时起三天内，向共和国重要城市、首都、地区、州重要城市的内政机关或地方行政机关报告发现的动物，这些机构采取措施寻找所有人。

在寻找动物所有者期间，动物可以由扣留动物的人照顾和使用，也可以交给有必要条件的其他人照顾和使用。按照扣留动物的人请求，共和国重要城市、首都、区、州重要城市的地方行政机构负责寻找具有必要条件保管和使用动物的人，并将动物移交给他们。

2. 无人监管动物的扣留人和转交照顾和使用的人，只有在有过错和在这些动物的价值范围内，承担动物的死亡和损害责任。

3. 如果自申报扣留役用和大角牲畜的六个月内和其他家畜的两个月内，其所有人没有被发现，并且没有声明对它们的权利，则这些动物的所有权将转移给保管和使用它们的人。

如果该人拒绝购买他所照顾的动物，这些动物将成为公共财产，并按照共和国重要城市、首都、区、州重要城市的有关地方行政机构确定的程序使用。

4. 在将动物归还给主人的情况下，扣留动物的人以及照顾和使用动物的人，有权要求所有权人赔偿与照顾动物有关的必要费用，并将从中获得的利益抵消。

5. 扣留无人看管或迷失的牲畜和其他家畜或驯养的动物的人有权根据本法第 245 条第 6 款要求其所有人支付报酬。

6. 如果动物的原主人在动物转移为另一人的财产后出现，在有证据表明这些动物对他有依恋，或者新主人残酷或其他虐待动物的情况，主人有权要求按照与新主人协议确定的条件归还给他，在未达成协议时，则由法院确定。

第二百四十七条　埋藏物

1. 埋藏物，即埋藏在土地或者以其他方式隐藏的其所有权人无法查明或者根据哈萨克斯坦共和国的法律丧失权利的金钱或贵重物品，应按等额的份额归该地块的所有者或藏匿埋藏物不动产的所有者和发现埋藏物的人所有。除非合同另有规定。

在未经土地使用者或藏有埋藏物的不动产所有人的同意，而进行挖掘或寻找贵重物品的人发现埋藏物时，埋藏物应移交给所有人。

2. 如果发现含有文化价值物品的埋藏物，应将其转让给哈萨克斯坦共和国所有。在这种情况下，发现埋藏物的土地所有人或不动产所有人和发现埋藏物的人有权获得该埋藏物价值50%的报酬。报酬应按照本条第1款规定的规则在这些人之间分配。

第二百四十八条　从所有人处获得没收的财产

如果一个人按照法律规定的程序和条件从所有人处获得了没收的合法财产，该人将获得财产所有权。

第十四章　所有权和其他物权的终止

第二百四十九条　所有权终止的依据

1. 在所有权人将自己的财产移转给他人、所有权人放弃所有权、财产灭失或者毁坏以及在法律规定的其他情况下财产之所有权丧失时，所有权终止。

2. 不允许强制剥夺所有权人的财产，下列情况除外：

（1）依据所有权人的债务对财产提出追索；

（2）强制剥夺依照哈萨克斯坦共和国的法律不属于该人的财产；

（3）征用；

（4）没收；

（5）对不动产所在土地的征收而导致不动产移转；

（6）赎买保管不善的文化珍品；

（7）国有化。

3. 国家拥有的财产被转让为私有财产：

（1）公民和法人在哈萨克斯坦共和国关于国有财产的法律规定的情况和条件及方式下；

（2）通过转移国家所有权的对象以支付（形成或增加）法人的法定资本；

（3）在哈萨克斯坦共和国法律明确规定的其他情况下；

（3－1）根据哈萨克斯坦共和国法律只能属于国有财产，以及根据哈萨克斯坦共和国总统法令属于国有不得转让的财产不能成为转让的对象。

4. 如果根据哈萨克斯坦共和国关于公民和法人私有财产的国家所有权的法律将财产国有化，则应按照本法典第二百六十六条确定的方式赔偿损失。

第二百五十条　放弃所有权

公民或法人可以声明放弃属于其的财产所有权，或通过其他行为（不作为）明确表明其排除对财产的占有、使用和处置，而无意保留该财产的任何权利。

放弃所有权必须是合法、自愿的，并表明所有权人放弃对财产的占有、使用和处分。

放弃所有权并不意味着在其他人获得该财产所有权之前，所有人对于相关财产权利和义务的终止。

第二百五十一条　所有权人财产的追索

1. 所有人债务财产追偿按司法程序进行，合同另有规定的除外。

2. 被追偿财产的所有权自被没收财产的所有权按照法律规定的方式转移给该财产的人之时起终止。

第二百五十二条　据法律不得归个人所有的财产的所有权的终止

1. 如果根据法律许可的理由，一个人拥有的财产在法律上不属于他，则该财产必须从财产所有权产生之时起一年内转让给所有人，除非法律另有规定。

如果财产没有被所有人在规定的期限内转让，根据法院判决财产在扣除其转让费后应当强制转让。

2. 如果根据法律许可的理由，公民或法人的财产被证明是需要特别许可才能获得的物，而拒绝发放物给所有人的，则该物应按照为不属于该所有人的财产规定的程序转让。

第二百五十三条　征用

1. 在发生自然灾害、事故、流行病、动物流行病，在戒严期间或战争期间，以及在其他具有紧急性质情况下，根据国家机关的决定，公益财产可以根据哈萨克斯坦共和国法律规定的程序和条件从所有人处没收，并向其支付财产价值（征用）。

2. 按照估价给所有人被征用财产价值的补偿可以被其按照司法程序提出质疑。

3. 被征用财产的人有权在征用所涉情况终止时，通过法院要求归还其剩余财产。

第二百五十四条　没收

在哈萨克斯坦共和国法律规定的情况下，可以按照司法程序，以行政或刑事犯罪制裁的形式，无偿没收财产所有人的财产（没收）。

第二百五十五条　因没收土地和其他自然资源而终止不动产所有权

1. 只在法律规定的程序和向所有人提交等值财产，赔偿遭受的其他损失或赔偿其因所有权终止而造成的全部损失情况下，才许可因国家机关不直接旨在从所有人处没收财产终止不动产所有权的决定，包括关于没收所有人拥有的房屋、其他建筑物、构筑物或种植物所在的土地的决定。

2. 在所有人不同意导致所有权终止的决定，在通过司法程序解决争议之前，不得执行该决定。在审理争议时，赔偿所有人损失的所有问题都被解决。

3. 本条规则应酌情适用于因国家机关决定没收矿山排水沟、水域和其他含有财产的地块而终止不动产所有权的情况。

第二百五十六条　没收管理不善的历史文化古迹和文化财产

如果根据哈萨克斯坦共和国法律被列为特别有价值和受保护的国家的历史和文化古迹、文化财产的所有者管理不当地保存这些古迹和价值，从而有丧失其价值的危险，根据法院的裁决，这些纪念碑和贵重物品由国家通过赎买或公开拍卖出售从所有者手中没收。

在赎买历史文化古迹、文化财产时，应按双方协议规定的金额向所有人赔偿其价值，如有争议，则由法院裁决。在公开拍卖中出售时，出售所得减去拍卖费用的款项将转给所有人。

第二百五十七条　所有权终止后的财产评估

所有权终止后的财产评估根据市场价值确定，哈萨克斯坦共和国法律另有规定除外。

第二百五十八条　非所有权人的物权的终止

属于非所有权人的物权应根据本法典第二百四十九条至第二百五十七条规定的规则终止，并应由所有者以法律、法人的章程或所有权人与物的所有者的协议确定的方式决定。

第十五章　所有权和其他物权的保护

第二百五十九条　所有权的确认

所有者有权要求确认所有权。

第二百六十条　从他人之非法占有追索财产

所有权人有权追索他人之非法占有的自己的财产。

第二百六十一条　向善意取得人追索财产

1. 如果财产是从无权处分财产的人那里有偿获得的，而买受人不知道，也不应该知道（善意的买受人），只有在财产所有人或财产所有人转让给占有的人丢失财产或是从一个或另一个人身上偷来的，或通过除自己意愿的其他方式脱离其占有的财产的情况下，所有人才有权向买受人追索财产。

2. 如果财产是从无权转让人处无偿取得，则在任何情况下所有权人均有权追索财产。

3. 如果财产已按照执行法院判决的程序出售，则不得以本条第1款所述理由追索财产。

第二百六十二条　对提款和证券的限制

不能向善意购买者索取金钱以及不记名证券。

第二百六十三条　返还非法占有物的结算

1. 根据本法典第二百六十条和第二百六十一条追索财产时，所有人有权要求恶意占有人返还或补偿其在整个占有期间获得或应该获得的收入；自他知道或应该知道非法占有或收到所有人归还财产的传票时起从善意占有人处获得或应该获得的全部所有收入。反过来，善意占有人有权要求所有人补偿其从财产收益应支付给所有人的时间起发生的财产必要费用。只有在法院认定占有人的要求有充分理由的情况下，恶意占有人有权获得全部或部分补偿。

2. 非法占有人有权保留其所做的改进，如果改进可以分离而不会损坏物。如果这样的改进无法分开，善意占有人有权要求补偿所发生的改进费用，但不得超过物的价值的增加。恶意占有人没有这种权利。

第二百六十四条　保护所有人的权利免受非剥夺占有的侵犯

所有人有权要求消除对其权利的任何侵犯，即使这些侵犯并非剥夺占有。

第二百六十五条　保护非所有人的物权

本法典第二百五十九条至第二百六十四条规定的权利属于非所有人的人，但根据法律或合同规定的其他理由财产经营、业务管理、土地永久使用属于占有人的权利。该人有保护其占有权并对抗所有人。

第二百六十六条　根据法律规定的理由在其权利终止时保护所有人的利益

在哈萨克斯坦共和国通过的终止所有权法律的情况下，哈萨克斯坦共和国应全额赔偿因通过该法律而给所有人造成的损失。

第二百六十七条　侵犯所有权和其他物权的官员和国家机关法规无效

1. 如果由于国家机关或官员发布的不符合法律规范或个人行为侵犯了所有人和其他人的占有、使用和处分其财产的权利，则根据所有人或权利受到侵犯的人的诉讼，该行为在司法上被视为无效。

2. 在法院对具体案件作出判决时，不适用与法律相抵触的国家机关法规。

根据本法第九百二十二条第一款的规定，由有关国家机关从相应预算中应全额补偿所有人因上述行为而遭受的损失。

第二部分 《吉尔吉斯共和国民法典》物权法编

（刁同文 译 邓社民 张源洁 校对）

《吉尔吉斯共和国民法典》物权法部分是1996年5月8日经吉尔吉斯共和国立法会议（15号法令）通过，1996年6月1日生效。1999年至2023年先后修改了13次。此文本根据2023年4月11日修改的文本翻译而成。

目 录

第二编 所有权和其他物权

第十章 一般规定

第十章之一 土地的所有权和其他物权

第十一章 房屋所有权和其他物权

第十二章 所有权的取得

第十三章 所有权共有

第十四章 所有权的终止

第十五章 所有权和其他物权的保护

第二编 所有权和其他物权

第十章 一般规定

第二百二十二条 所有权的概念和内容

1. 所有权是受立法文件承认和保护的主体，自行决定占有、使用和处分属于其财产的权利。

2. 占有、使用和处分自己财产的权利属于所有人。

占有权是实际占有财产实现法律保障的能力。

使用权是从财产中获得有益的自然特性以及从中受益的法律保障能力。利益可以表现为收入、增加值、孳息、繁殖率和其他形式。

处分权是确定财产法律命运的法律保障能力。

3. 所有人有权对其财产实施不与法律相抵触和不侵犯他人的权利和受法律保护的利益的任何行动，包括将其财产转让给他人所有，在保留所有人身份时，以财产的占有、使用和处分权能转让给他人，将财产抵押和其他方式担保，以其他方式处分财产。

在法律允许流转的限度内，土地所有人可以自由地占有、使用和处分土地（第 23 条），但不得侵犯他人的权利和合法利益，也不得损害环境。

4. 所有权是没有期限的。财产所有权只能根据本法典规定的理由强制终止。

5. 所有权人承担维护属于他的财产的责任，并且不能单方面将此类负担转移给第三人，但法律或合同另有规定的除外。

6. 由所有权人承担财产意外遗失或意外损坏的风险，但法律或合同另有规定的除外。

第二百二十三条　所有权的主体

1. 财产可以被公民、法人、国家以及地方自治机关所有。承认私人、公共、市政和其他所有权形式。

2. 取得和终止财产所有、占有、使用和处分权的特殊性，取决于财产属于公民、法人、市政或国家所有，只能由法律规定。

法律可以规定只能为国家所有的财产类型。

3. 所有所有权人的权利受到同等保护。

第二百二十四条　公民和非国家法人的所有权

1. 公民和非国家法人可以拥有任何财产，根据法律不属于公民或非国家法人的某些财产除外。

2. 公民和非国家法人拥有的财产的数量和价值不受限制，除非法律为本法典第三条第二款规定的目的规定了此类限制。

3. 除国家和市政企业以及所有者资助的机构外，商业和非商业组织是其创始人（参与者、成员）捐赠给它们的财产以及这些法人根据其他理由获得的财产所有人。

4. 商业组织的创办人（参与者、成员）对属于该组织的财产所有权、债权，在其成立文件中规定。

5. 社会团体、宗教组织和其他公共基金会是其获得的财产的所有人，只能为达到其成立文件规定的目的使用该财产。这些组织的创办人（参加人、成员）丧失其转让给有关组织的财产权利。在该组织清算的情况下，债权人债权得到清偿后剩余的财产将使用于其成立文件所述的目的。

第二百二十五条　国家所有权

1. 国家可以拥有行使其职能所必需的任何财产的所有权。

2. 国有财产由国库以及规范性法律文件划拨给国有企业和机构的财产组成。

国家预算资金、黄金储备、国家所有的专有对象，包括土地、地下资源、水、空域、森林、动植物、所有自然资源以及划拨给国有企业和机构的其他国有财产，构成吉尔吉斯共和国的国库。

3. 基于经营权或业务管理权划拨给国有企业的财产为国家所有，基于业务管理权划拨给机构的财产为国家所有（本法典第二百三十条和第二百三十一条）。

第二百二十六条 土地、地下资源和其他自然资源的所有权

土地、地下资源和其他自然资源的所有权由《吉尔吉斯共和国宪法》《吉尔吉斯共和国土地法》和其他法律确定。

第二百二十七条 自治地方财产

1. 地方团体可以拥有履行其职能所必需的任何财产（自治地方财产）。

2. 自治地方财产由地方社区的财产，以及地方社区划拨给地方自治组织和其他法人的财产组成。

地方团体预算资金和未划拨给地方团体法人的其他市政财产构成地方团体的国库。

3. 有法人权利的地方自治机构负责处分和管理市政财产。

4. 基于经营权或业务管理权划拨给自治地方企业的财产为自治地方所有，基于业务管理权划拨给机构的财产为自治地方所有。

第二百二十八条 非财产所有权人的物权

1. 除所有权外，物权还包括：

经营权（本法典第二百三十条）；

业务管理权（本法典第二百三十一条）；

土地的永久（未指定期限）使用权（本法典第二百三十六条）；

他人不动产限制使用（租赁）的权利（本法典第二百三十三条之一）；

在法律规定的情况下，非财产所有权人的其他物权。

2. 非所有人在法律或与所有人签订的合同规定的范围内行使其财产的占有和使用权。

3. 除非法律或合同另有规定，非所有人的财产占有人无权处分该财产和无权将使用该财产的孳息、产品和收入归其所有。

4. 财产所有权转让给他人不是终止该财产其他物权的理由。

5. 按照本法典第二百九十四条规定的程序，保护非所有人的物权免受任何人的侵犯。

第二百二十九条　国有财产私有化

国有财产可以以国有财产私有化法律规定的程序私有化，转变为私有财产。

第二百三十条　经营权

1. 拥有财产经营权的国有或市政企业在本法典规定的范围内占有、使用和处分该财产。

2. 经营财产的所有人根据法律决定企业的成立，确定其活动对象和目的，其重组和清算问题，任命负责人（企业领导人），监督企业财产的用途和安全。

所有人有权从其所成立的企业经营的财产使用中获得部分利润。

3. 企业未经所有人同意，无权出售、出租、抵押属于企业经营权的不动产，向公司和合伙企业的法定资本出资（股份），或者以其他方式处分该财产。

属于企业经营权的其余财产，除法律规定的情况外，由企业自行处分。

第二百三十一条　业务管理权

1. 如果财产业务管理权划拨给机构，该机构应在法律规定的范围内，根据其活动目标、财产所有人的任务和财产的用途，对划拨给其的财产行使占有权、使用和处分权。

2. 划拨给机构业务管理权的财产的所有人有权收回多余、未使用或不按财产用途使用的财产和自行处分这些财产。

3. 机构只有征得财产所有人同意，有权转让或以其他方式处置其所拥有的财产和通过预算拨款获得的财产。该机构的收入分配程序由其财产所有人决定。

如果根据机构的章程授权开展创收活动，则从活动获得的收入和从这些收入获得的财产将由机构自主支配，并记入单独的资产负债表。

第二百三十二条　国家和市政财产作为通用对象的使用

公民有权自由使用土地、湖泊、河流、森林、池塘、道路以及其他根据习惯和惯例为通用的国家和自治地方财产。

为了保障公共秩序和国家安全，保护人类健康和自然，根据法律规定限制可以使用此类设施。

第二百三十三条　删除。

第十章之一　土地的所有权和其他物权

第二百三十三条之一　关于土地所有权的一般规定

土地所有权可以是国家、自治地方、私人和其他形式的。牧场不能为私人所有。

对土地享有所有权的人，有权出售、赠与、抵押或出租土地，或者以其他方式对土地进行处分（本法典第二百二十二条），但有关土地依法被禁止流通或限制流通的情形除外。

按照普通继承程序进行的土地转让受《吉尔吉斯共和国土地法》规定的限制。

对土地的权利可以有偿或免费获得。

由《吉尔吉斯共和国土地法》规定的农业或其他用途的土地不得为其他目的使用或限制。被指定为这类土地的使用可以在其用途范围内进行。

第二百三十三条之二　作为所有权和物权客体的土地

1. 土地的边界是根据有关国家机关和地方自治机构颁发给该土地的所有权人或拥有其他物权的人的文件确定的。

2. 除非法律另有规定，对土地的所有权或使用权应延伸到位于该土地边界内的地表（土壤）层。

土地所有权人或使用权人在不侵犯他人权利的前提下，有权自行决定使用该土地表层之上和之下的所有事物，除非《吉尔吉斯共和国地下资源法》

或其他法律另有规定。

第二百三十三条之三　公用土地、土地自由通过权

1. 公民有权在吉尔吉斯共和国法律以及有关土地所有人允许的范围内为了公共通行自由地、无需任何许可进入国家或市政所有的未公开使用的地块，并使用这些地块上的自然客体。

2. 由于该地块没有围栏，或其所有人或土地使用人没有以其他方式明确表示未经其许可不得进入该地块，任何人在不会给所有人或土地受益人造成损害或不安时都可以通过该地块。

第二百三十三条之四　在土地上进行建设

1. 这些权利在遵守城市规划和建筑标准和规范以及土地目的用途要求的条件时行使。

2. 除非法律或合同另有规定，土地所有权人取得其在属于自己的土地上为自己建造或建立的建筑物、构筑物和其他不动产的所有权。

土地所有权人在属于其的土地上进行违章建设的后果，由本法典第二百五十四条之一确定。

第二百三十三条之五　非土地所有权人对土地的权利（土地使用者）

1. 土地和处于土地上的不动产可以由其所有权人提供给他人永久使用或限期使用，其中包括出租。

2. 非土地所有权人（土地使用者）在法律或同土地所有权人的合同规定的条件下和限度内，行使属于他的土地占有权和使用权。

3. 除非法律或合同另有规定，否则不是土地所有权人的人无权处分该土地。

第二百三十三条之六　土地使用期限

土地的使用可以是无期限的（未指定期限），也可以是限期的（指定期限）。

公民和法人以《吉尔吉斯共和国土地法》规定的程序和条件获得并行使限期使用土地的权利，其中包括租赁条款。

第二百三十三条之七 取得土地使用权的依据

公民和法人根据《吉尔吉斯共和国土地法》规定的依据和程序行使对无限期（未指定期限）或限期（指定期限）土地的使用权。

第二百三十三条之八 不动产所有权人使用土地的权利

1. 位于属于他人土地上的建筑物、构筑物或其他不动产的所有人有权使用该人提供的不动产之下部分土地。

关于提供国家或市政拥有的土地的决定，除非法律或合同另有规定，建筑物、构筑物或其他不动产的所有人有权使用不动产所在的土地的一部分。

2. 在不动产所有权转让给他人时，该人获得以与原不动产所有人相同的条件和数量对土地相应部分的使用权。

土地所有权的转让不构成不动产所有人终止或变更该地块使用权的理由。

3. 位于他人土地上的不动产所有人有权根据自己的意愿占有、使用和处分该不动产，包括拆除相关建筑物和构筑物以及其他不动产，因为这不与法律或合同规定的使用该地块的条件相冲突。

第二百三十三条之九 不动产所有权人丧失土地使用权的后果

1. 在提供给不动产所有人该地块上的土地使用权终止时（第二百三十三条之十），根据地块所有人与有关不动产所有人之间的合同确定该地块所有人留下的不动产的权利。

2. 在没有或未能达成本条第 1 款规定的协议时，地块所有人有权通过法院要求不动产所有人在地块使用权终止后从其不动产中腾出，并将地块恢复原状。

如果吉尔吉斯共和国法律禁止拆除位于土地上的建筑物或构筑物（住宅、历史和文化古迹等），或者由于建筑物或构筑物的价值明显高于分配给其土地的价值而不能进行拆除，法院可以根据终止土地使用权的理由，并在双方提出相应要求的情况下，确定不动产所有人在新期限内使用土地的条件。

3. 本条规则不适用于为国家或公共目的没收土地（本法典第二百三十三条之十七）以及因不当使用而终止土地权利在土地上的建筑物和构筑物出让

时土地权利的转让。

第二百三十三条之十　土地所有权的转让

在属于土地所有人的建筑物或构筑物所有权转让时，划拨给该建筑物或构筑物的土地权利转让给买受人，其条件和范围与建筑物或构筑物原所有人相同，双方协议另有规定的除外。

除建筑物或构筑物转让合同另有规定外，该建筑物或构筑物占用并为其使用所必需的那部分土地的所有权转让给买受人。

第二百三十三条之十一　有限使用他人土地的权利（地役权）

1. 不动产（土地、其他不动产）的所有人有权要求邻近不动产的所有人，并在必要时要求其他不动产所有人给予邻近不动产的有限使用权（地役权）。

2. 地役权的确立根据当事人之间达成的协议（自愿性的地役权）确定，或在必要时根据授权机构的决议（强制性的地役权）确定，并应当以不动产登记的既定程序进行国家登记。

3. 用地役权抵押不动产地块并不剥夺地块所有人对其不动产的占有、使用和处分权。

4. 根据合同产生的地役权可以确定无期限，或者在合同规定的期限。

第二百三十三条之十二　自愿性的地役权

设立地役权（自愿性的地役权）的合同包括：

1. 以地役权担保的不动产和为不动产利益设立的地役权的说明；

2. 设立地役权的条件和期限；

3. 以土地地役权担保时，指明地役权所在位置的地段示意图或地图。

第二百三十三条之十三　强制性的地役权

1. 强制性地役权可以根据国家机关或地方自治机关的决定产生。

2. 在本法典和吉尔吉斯共和国其他法律规定的情况下，国家机关或自治地方政府有权根据利益相关人的请求设立强制性地役权。

为了担保可以设立强制性地役权：

（1）进入不动产的许可，如果另外的进入许可不可能，非常困难或需要不相称的费用；

（2）输电线路、通信和管道、供水和土地改良以及不动产所有人的其他需要的铺设和运营，在没有强制地役权的情况下无法满足。

3. 国家机关、地方自治机关规定设立或拒绝设立地役权的决定，可以由设立地役权的利害关系人或不动产所有人向法院起诉。

4. 设立强制性地役权给不动产所有权人造成的损失，应由为其利益而设立该地役权的人补偿。

强制性地役权担保的不动产所有人有权要求设立地役权的受益人支付相称的费用代替补偿损失。

第二百三十三条之十四　在土地所有权或使用权或建筑物或构筑物所有权转让时保留地役权

1. 在以地役权担保或者为了其利益设立地役权的土地所有权或者使用权，或者建筑物或者构筑物所有权转让给他人的情况下，地役权保留。

2. 地役权不得独立出售、抵押，也不得以任何方式转让给土地使用者以外的人，也不得转让给为保证其使用而设立地役权的建筑物或构筑物的所有人。

第二百三十三条之十五　地役权的终止

1. 由于按照设立地役权的理由消失，根据授权机关或法院的决定终止强制性地役权。

2. 在因地役权担保而不能根据用途行使建筑物或构筑使用权或所有权的情况下，土地使用者人或所有人有权通过法院要求终止地役权。

第二百三十三条之十六　对土地的追索

根据当事人的协议或法院的判决允许按照土地所有人或使用人的债务对土地进行追偿。

除《吉尔吉斯共和国土地法》规定的情况外，不得对国有和自治地方的土地使用者使用的土地进行追索。

第二百三十三条之十七　为公共需要征用所有权人的土地

1. 为了公共需要，根据法院判决补偿其价值和因其转让造成的损失可以从所有人处没收土地。

2. 没收和补偿价值与为公共需要没收土地而造成损失的程序由土地法确定。

第二百三十三条之十八　为公共和国家需要赎买土地

为公共需要土地赎金根据授权机关与土地所有人或土地使用人之间的协议进行。如果所有人或土地使用人不同意授权机关为公共需要出让其土地的决定，或未就赎金价格和其他赎金条件与该机关达成协议，作出该决定的国家机关有权为公共需要提起没收土地或确定赎金价格的诉讼。为公共需要没收土地或确定赎金价格的诉讼可以在收到拒绝后两个月内提出。

公共服务是指自然保护区设施、城市公园、娱乐场所、国防和国家安全设施、交通和能源基础设施（道路、天然气管道、管道、输电线路、机场等）的建设。

第二百三十三条之十九　没收违反吉尔吉斯共和国法律使用的土地

如果土地的使用违反了土地使用规则，按照《吉尔吉斯共和国土地法》规定的程序，可以从土地所有者或土地使用者处收回土地。

第二百三十四条至第二百四十四条　删除。

第十一章　房屋所有权和其他物权

第二百四十五条　住房和住宅的所有权

1. 所有权人依照房屋的用途对属于其所有的住房行使占有、使用和处分的权利。

2. 住房应当用于公民的居住。

3. 不允许在住宅中安置工业设备。只有在将住房转变为非居住用房后，所有权人才可在属其所有的住房中设置企业、机构、组织或分支机构。将住房变更为非居住用房依照住宅立法规定的程序进行。

第二百四十六条　作为所有权客体的住宅

房屋共有财产所有权份额属于公寓楼的公寓所有人，连同属于其占用和拥有装修元素的住房（第247条）。

第二百四十七条　多套住宅和非居住用房所有权人的共同财产

1. 服务一个以上所有人的公寓楼内的住房、室内网络和工程设备（入口、大堂、公寓间楼梯和平台、楼梯、通风和电梯井、非公寓走廊、走廊、烘干机、洗衣房、储藏室、阁楼、技术层、地下室、过渡闸、垃圾桶、垃圾管道、屋顶、建筑结构、其他辅助空间等），以及住宅旁的土地是公寓楼住宅和非住宅所有人的共同份额财产。

2. 公寓楼中的住宅和非住宅所有人在共有财产所有权中份额大小和所有人之间分配维护和维修该财产费用的程序，应根据住宅法确定。

3. 公寓楼中住宅和非住宅住房的所有人不得转让其住宅共有财产所有权中的份额，以及实施从住宅和非住宅所有权单独分开转让该份额的其他行为。

第二百四十八条　住房所有权人协会

1. 为了保障房屋运营、公寓和其共同财产的使用，公寓所有人组成公寓（住宅）所有人协会。

2. 住房所有权人协会是依法成立和进行活动的非商业组织。

第二百四十九条　住房所有权人家庭成员的权利

1. 居住在属于其住房的所有人家庭成员有权按照住宅法规定的条件使用住宅。

2. 住宅或公寓的所有权转让给他人是终止原所有人家庭成员住宅使用权的根据，住宅法另有规定除外。

第二百五十条　住房管理不善时所有权的终止

1. 如果住房所有权人不按用途使用住房，多次侵犯邻居权利和利益，或者对住房管理不善而任其毁坏，地方自治机关可以警告住房所有权人必须消除违法行为，而如果这些行为会导致房屋毁坏，则可以指定住房所有权人限期对房屋进行修缮。

2. 如果在警告之后住房所有权人仍继续侵犯邻居的权利和利益，或者仍不按其用途使用房屋，或者无正当理由而不对房屋进行必要修缮，则法院可以根据地方自治机关的起诉作出判决，对房屋进行公开拍卖，而将拍卖所得款项在扣除执行法院判决所需费用之后付给房屋所有权人。

第十二章　所有权的取得

第二百五十一条　所有权取得的依据

1. 财产的所有权可以根据买卖合同、互易合同、赠与合同或其他转让该财产的法律行为获得。

在公民死亡的情况下，归其所有的财产根据遗嘱或法律由他人继承。

在法人改组时，属于法人的财产的所有权移转给作为被改组法人的权利继受人的法人（本法典第九十三条）。

2. 一个人在遵守法律的情况下制作或创造新物，则新物的所有权由其取得。

因使用财产而获得的天然孳息、产品或法定孳息的所有权，依照本法典第二十九条规定的根据获得。

3. 在本法典规定的情况下和依照本法典规定的程序，一个人可以取得无主财产、所有权人不明的财产，或者所有权人拒绝领受的财产、其所有权人依照其他根据丧失其所有权的财产的所有权。

4. 住宅、住宅建筑、别墅、车库或其他消费合作社的成员，有股金积累权的其他人，全额缴纳了由合作社提供给他们的公寓、别墅、车库或其他住房股金的，应获得上述财产的所有权。

第二百五十二条　新建不动产所有权的产生

应进行国家登记的建筑物、构筑物和其他新建不动产所有权从国家登记之时产生。

第二百五十三条　加工

1. 如果合同没有不同规定，一个人对不属于他的材料进行加工而制作的新的动产，其所有权由材料的所有权人获得。

但是，如果加工的价值大大超过材料的价值，则新物的所有权由善意加工人取得。

2. 如果合同没有不同规定，材料的所有权人，如取得新物所有权，必须向加工者补偿加工的费用，而在加工者取得新物的所有权的情况下，加工者应向材料所有权人补偿材料的价值。

3. 材料的所有权人，如因加工者的非善意行为而丧失材料，则有权要求将新物交付给他所有并赔偿对他造成的损失。

第二百五十四条 公布可采集物的归属

如果依照法律或财产所有权人的一般性许可，或者依照地方习俗允许在森林、水体或其他地域采集浆果、捕鱼、采集或猎取其他公众均能取得的物，则有关物的所有权由进行采集或捕猎的人取得。

第二百五十四条之一 违章建筑及其后果

1. 违章建筑是指不符合为此目的在土地上，以及在未获得必要许可或严重违反吉尔吉斯共和国法律规定的城市规划和建筑规范与规则的情况下建造的住宅、其他建筑物、构筑物或其他不动产。

2. 违章建筑人不能取得违章建筑之所有权，也没有处分、出卖、赠与、出租、实施其他法律行为的权利。

权利受到侵犯的人，相应的国家机构或地方政府对未经授权的建筑的诉讼，将由实施该工程的人拆除或由其承担费用。

在比什凯克市和奥什市的违章建筑，如果未确认建造者，则根据有关地方自治机关的决议拆除。

拆除违章建筑的费用由决定拆除其的地方自治机关承担。

3. 删除。

4. 删除。

5. 如果保留建筑会侵犯他人的权利和受法律保护的利益，或会危及生命和健康，则不得承认违章建筑人的所有权。

6. 在特殊情况下，考虑社会经济可行性，可以将违章建筑转给自治地方所有，并补偿法院确定的建造费用。

第二百五十五条　依照合同取得物的人的所有权产生的时间

1. 依照合同取得物的人的所有权自物交付时产生，但立法或合同有不同规定的除外。

2. 如果财产转让合同应当进行国家登记，则取得人的所有权自其登记时产生。

第二百五十六条　物之交付

1. 交付是指将物交给买受人，以及交给承运人运送给买受人，或将未履行交货义务的物邮递给买受人。

物自买受人或被其指定的人实际占有之时起即视为已交付给买受人。

2. 如果在签订物的转让合同时，物已经处在取得人的占有之中，则物自合同签订时被视为已经交付。

3. 提单或其他所有权单据的交付等同于物的交付。

第二百五十七条　无主物

1. 无主物，是指没有所有权人或者其所有权人不明，以及所有权人抛弃其所有权的物。

2. 如果本法典关于所有人放弃的物、(本法典第二百五十八条)、遗失物(本法典第二百五十九条)、无人照管的动物（本法典第二百六十二条）和埋藏物（本法典第二百六十一条）的所有权取得规则另有规定的除外，无主动产物所有权可以因取得时效而取得。

3. 无主不动产由不动产国家登记机关根据有关国家机关或地方自治机关的申请进行登记。

从无主不动产登记之日起满三年，经授权管理国家或市政财产的机关可以向法院请求承认该物为国家或市政所有。

无主不动产根据法院判决未被承认为国家或市政所有的，可以由原所有人重新占有、使用和处分，或因取得时效取得所有权（本法典第二百六十五条)。

第二百五十八条 所有权人放弃的动产

1. 所有人抛弃或以其他放弃所有权的方式留下的动产（抛弃物）（本法典第二百八十条第二款），可以按照本条第二款规定的程序归他人所有。

2. 所有、占有或使用抛弃物所在土地、水体或其他客体的人，抛弃物或矿产资源采矿时产生的废金属、有缺陷产品、合成沉积物、渣坑和水槽、生产废料等的价值明显低于估计值五倍的金额，开始使用或者进行其他证明物的所有权的行为的，有权将这些物变为自己的财产拾得遗失物的人必须立即通知遗失物的人或物的所有人或他认识的任何其他有权获得物的人，并将拾得的物归还给该人。

其他抛弃物由该占有人向法院申请确认为无主物时才能为该人所有。

第二百五十九条 拾得遗失物

1. 拾得遗失物的人必须立即通知遗失物的人或物的所有人或他认识的任何其他有权获得物的人，并将拾得的物归还给该人。

如果物是在建筑物或者运输工具中被拾得，则物应当被交给代表该建筑物所有人或者运输工具的占有人。被交给拾得物的人取得拾得人的权利并承担拾得人的义务。

与历史文化珍品有关的考古发现属于国家财产，可以按照法律规定的方式转为国家财产。

2. 如果有权要求返还拾得物的人不明或者其住址不明，则拾得人有义务向警察局或地方自治机关报告拾得遗失物。

3. 拾得人有权自己保管拾得物或者将其交给警察局、相应的国家机关或者其所指定的人保管。

4. 拾得人仅在故意或者有重大过失的情况下在该物的价值范围内对拾得物的丧失和毁损负责。

5. 如果在自向警察局或地方自治机关报告拾得遗失物之时起三个月内，有权取得遗失物的人没有被查明也没有向拾得人或者警察局或地方自治机关申明自己对物的权利，则物之拾得人取得对该物的所有权。

如果物之拾得人拒绝将拾得物归己所有，则拾得物将归自治地方所有。

第二百六十条　补偿与拾得物有关的费用和给拾得人的报酬

1. 拾得人和归还有权领取物的人有权从该人处，在物转交给国家所有的情况下从有关国家机关补偿与保管、交还或者销售物的必要费用，以及与找到有权领取物的人费用。

2. 物之拾得人有权要求有权取得物的人给予拾得物之价值之百分之二十以内的报酬。

如果拾得的文件或者其他物仅对有权取得该物之人有价值，则报酬的数额由与该人的协议确定，在不能达成协议时，由法院确定。在有权要求返还拾得物之人公开承诺给予拾得人以报酬时，报酬按照公开悬赏的条款支付。

物之拾得人在报酬支付前有权留置拾得物（本法典第三百四十二条），只有有权要求归还的人能够使用的文件除外。

如果物之拾得人没有报告拾得遗失物或者试图隐匿拾得遗失物，则不产生报酬权。

第二百六十一条　埋藏物

1. 埋藏物，即埋藏在土地上或以其他方式隐藏的金钱或贵重物品，其所有人无法确定或因法律丧失了其权利，应归隐藏在土地、建筑物等所有权人和发现埋藏物的人以相同份额所有，他们之间的协议另有约定的除外。

在未经埋藏物隐藏的土地或者或其他财产所有人同意而进行挖掘或寻找贵重物品的人发现埋藏物，应当将埋藏物转交给土地或其他财产的所有人。

2. 发现属于历史或文化古迹的埋藏物时，应转交归国家所有。在这种情况下，埋藏物的土地或其他财产的所有人和发现埋藏物的人有权获得埋藏物价值百分之五十的报酬。报酬应按照本条第 1 款规定的规则在这些人之间分配。

属于历史或文化古迹埋藏物的拾得人有权在报酬支付前留置该财产（本法典第三百四十二条）。

第二百六十二条　无人照管的动物

1. 无人监管的或迷失的牲畜或者其他家畜或者驯化动物的扣留人有义务将其返还所有人，如果动物的所有人或其住址不明，从扣留时起三天内向内政机关或地方自治机关报告发现的动物，这些机构采取措施寻找所有人。

2. 在寻找动物所有者期间，动物可以由扣留动物的人照顾和使用，也可以交给有必要条件的其他人照顾和使用。按照扣留动物的人请求，内务机关地方自治机关负责寻找具有必要条件保管和使用动物的人并将动物移交给他们。

3. 无人监管动物的扣留人和转交照顾和使用的人，有义务照顾他们，只有在有过错和在这些动物的价值范围内，承担动物的死亡和损害责任。

第二百六十三条　无人照管动物之所有权的取得

1. 如果自报告抓获无人监管之动物之时起三个月内，其所有权人未被发现且未声明自己对动物之权利，则这些动物之所有权转归这些动物被照顾与使用之人所有。

在该人拒绝取得其所照顾之动物之所有权时，这些动物归地方所有并按照相应自治地方机关规定的程序使用。

2. 在所有权已经归他人所有后，动物原所有权人出现的情况下，则原所有权人在可证明这些动物对他保持亲近感或者新所有权人有残酷或者不适当对待这些动物的事实时，有权要求按照与新所有权人协议规定的条件返还之，在不能达成协议时，由法院确定。

第二百六十四条　补偿照管无人监管的动物的费用和报酬

1. 在将无人监管的家养动物返还给所有权人时，抓获动物者和照顾并使用动物者，有权要求所有权人补偿与照顾动物有关的必要费用，可以用使用动物所取得的收益抵消。

2. 扣留无人照管家养动物的人有权根据本法典第二百六十条第二款向其所有人索取报酬。

第二百六十五条　取得时效

1. 非为所有权人的公民或者法人，善意、公开且不间断地以自己所有的意思占有不动产满十五年或者其他财产满五年，取得对该财产的所有权（取得时效）。经国家登记的不动产和其他财产的所有权自登记之日起因取得时效获得该财产的人拥有。

2. 在因取得时效获得财产所有权之前，以自己所有的意思占有财产的人有权保护自己的占有对抗不是财产所有人以及因法律或合同规定的其他理由无占有权的第三人。

3. 援引占有时效的人可以将其继承人占有该财产的全部时间合并到自己的占有时间上。

4. 根据本法典第二百八十两个九条至第二百九十一条、第二百九十四条，从物的占有人那里索取物的取得时效期限开始不应早于相关要求的诉讼时效期限届满。

5. 因取得时效的财产所有权由法院确认。

第十三章　所有权共有

第二百六十六条　共同的概念和共有产生的根据

1. 两个或两个以上的人拥有的财产，属于他们共有权。

2. 财产可以在共同财产中确定每个所有人在所有权中的份额（按份所有）或者没有确定份额（共同所有）。

3. 除法律允许对某财产享有共同共有的情形外，财产之共有为按份共有。

4. 共有财产是由两个或两个以上的人取得的财产所有权，其用途未改变不能分割（不可分割物），或因法律不应分割。

在法律或合同规定的情况下，发生可分物的共有。

5. 共有人按照共同财产共有人的协议，而在达不成协议时，按照法院判决确定其对共同财产按份所有。

第二百六十七条　按份共有权中份额的确定

1. 如果按份共有人之份额不能依法确定也不能以全体参加者的协议确

定，则份额视为相同。

2. 按份共有的所有共有人的协议可以规定，根据每个人投入、获得和增加到共同财产中贡献的方式确定和改变其份额。

3. 按照共同财产使用的既定方式自费不可分割地改进该财产的按份共有人，在共同财产权中有其份额的相应增加权。

共同财产的分割改良，除按份共有人的协议另有规定外，应归进行改良的共有人所有。

第二百六十八条　按份共有的住宅或其他建筑物的增高、增建或改建的后果

如果所有人按照既定规则，通过增高、增建或改建自费增加了房屋或其他建筑物的面积，则根据该房屋或者建筑按份共有人的要求和其中房间的使用方式应当进行相应改变。

第二百六十九条　按份共有财产的占有、使用和处分

1. 对按份共有财产之占有和使用依照全体参加者的协议进行，在不能达成协议时，依照法院规定的方式进行。

按份共有人有权要求提供与其份额相应的部分共有财产供其占有和使用，在无法达成的情况下，有权要求占有和使用其财产份额的其他参加者予以相应补偿。

2. 对按份共有财产的处分按照全体参加者的决议进行。

按份共有人有权按自己的意愿出售、赠与、遗嘱、抵押其份额或者根据本法典第二百七十条规定的规则以其他方式处分它。

3. 每个按份共有人都有义务按照自己的份额支付共有财产的税款、公捐和其他支出，以及共有财产的维护和维持开支，但法律或者合同有不同约定的除外。

4. 非必要的和未经其余人同意由所有人中一人产生的费用应当由自己承担。由此产生的争议应通过司法程序解决。

5. 按份共有财产的孳息、产品和使用所得收入构成共同财产。孳息、产品和收入的随后分配应按其相应额在按份共有人之间进行，他们之间的协议另有规定的除外。

第二百七十条　对按份共有权份额的优先购买权

1. 在向他人出售共有权份额时，其他按份共有人拥有依照其出售价格和其他同等条件下的优先购买权，但公开拍卖的情形除外。

在全体按份共有人无法达成协议时，按份共有财产中的份额可以在本法典第二百七十四条第二款规定的情况下以及在法律规定的其他情况下进行公开拍卖。

2. 份额出售人有义务书面通知其他按份共有人将向他人出售自己的份额的意图并指明其价格和其他出售条件。如果其他按份共有人放弃购买或者在自通知之日起一个月内没有购买不动产所有权中所出售的份额，而对其他财产在自通知之日起十日内没有购买所出售的份额，则出售人有权将自己的份额出售给任何人。

3. 在违反优先购买权出售份额时，任何其他按份共有人均有权在三个月内向法院提出要求将购买人的权利和义务移转给自己。

4. 份额之优先购买权不得转让。

5. 本条规则可适用于根据互易合同的份额转让。

第二百七十一条　按份共有财产的分割和份额的支出

1. 按份共有财产可以按照共有人之间的协议在共有人之间分割。

2. 按份共有人有权要求将自己的份额从共有财产中分出。

3. 在按份共有人不能就共有财产分割或将某一共有人的份额分出的方式和条件达成一致时，按份共有人有权要求将自己的份额从共有财产中分出。

如果法律不允许分出实物份额或者可能对共有财产造成不相称的损害，被分出的所有人有权要求其他按份共有人支付其份额的价值。

4. 根据本条分出给按份共有人的实物财产与其在共有权中的份额不相称的，应通过支付相应的金额或其他补偿消除。

其他所有权人向按份共有人支付补偿以替代其份额的实物分出，须经其同意才允许。在相应所有权人的份额微不足道，不能现实分出且对共有财产的使用不具有实质性利益，则法院即使在没有该人同意时也可以令该人承担将自己的份额移转给其他共有人的义务，并向其支付补偿。

5. 依照本条第三款和第四款取得补偿时，该所有权人丧失对共有财产中份额的权利。

6. 从订立合同之时起共有权中的份额转让给合同买受人，双方协议另有规定的除外。

根据须经国家登记的合同，转让共有财产份额的时间，应根据本法典第二百五十五条第二款确定。

第二百七十二条　共同共有财产的占有、使用和处分

1. 共同共有人共同占有和使用共同财产，但他们之间的协议有不同规定的除外。

2. 无论哪位共有人提出财产处分行为，共同共有财产的处分按照全体共有人同意进行。

3. 共同财产的每一个共有人有权进行共同财产的处分行为，所有共有人的协议另有规定除外。共同财产共有人中的一人进行的与共同财产处分有关的行为，只有在可以证明行为的另一方当事人知道或应当知道实施行为的共有人没有必要的权限（本法典第一百九十五条）时，根据其他共有人请求可以被确认无效。

4. 本条规则适用于除本法典或其他法律对某些共同财产另有规定的情况。

第二百七十三条　共同共有财产的分割和份额的分出

1. 在共同共有人之间分割共有财产，以及将一共同共有人之份额分出、只能在预先确定每个共有人对共有财产的权利份额的条件下才能进行。

2. 在分割共有财产和分出份额时，如果法律或共有人的协议没有不同规定，则认为其份额是相同的。

3. 共同财产分割和从中分出份额的依据和程序按照本法典第二百七十一条的规则确定，因为本法典、其他法律对某些的共同财产没有另外规定和不从共同财产共有人关系的实质出发。

第二百七十四条　对共有财产中份额的追索

1. 按份共有人或者共同共有人的债权人在共有人的其他财产不足时有权要求将债务人的份额从共有财产中分出以供追索。

2. 如果在此情况下，不能在实物上分出份额或者其他按份共有人或共同共有人表示反对，则债权人有权要求债务人将其份额按照市场价格出售给其他共有人，以追索出售所获价款，清偿债务。

在其他共有人拒绝购买债务人的份额时，债权人有权要求通过法院追索债务人的共有权份额。

第二百七十五条　夫妻共有

1. 夫妻在婚姻期间积累的财产为其共有共同财产，但依照法律有不同规定的除外。

2. 夫妻婚前财产以及在婚姻期间因接受赠与或者依照继承程序而取得的财产，还有法律规定的其他财产属于夫妻的个人财产。

个人使用的物品如衣服、鞋子、珠宝首饰以及婚姻家庭法所确定的其他物品，尽管在婚姻存续期间使用夫妻共同资金购买，亦被认为是使用一方的财产。

如果确定在婚姻存续期间以夫妻共同财产为继承进行的投资大大增加了财产价值（大修、改建、装修等），夫妻一方的财产可以被视为他们的共同财产。

3. 根据夫妻一方的债务，只能追偿其所拥有的财产以及在分割该财产时其在夫妻共同财产中应得的份额。

4. 夫妻共同财产分割时份额的确定规则和分割程序由婚姻家庭法规定。

第二百七十六条至第二百七十九条　删除。

第十四章 所有权的终止

第二百八十条 所有权终止的依据

1. 在所有人将其财产转让给其他人，所有人放弃所有权，财产灭失或损坏，财产所有权丧失时，在法律规定的其他情况下所有权终止。

2. 公民或法人可以宣布放弃对其财产的所有权，或进行有证据表明其丧失财产的占有、使用和处分其他行为，并无意保留该财产的任何权利。

放弃所有权并不意味着在其他人获得该财产所有权之前，所有人对有关财产权利和义务的终止。

第二百八十一条 对所有权人财产的征收

1. 只有属于以下情况，才能依照法院的判决违背所有权人的意愿剥夺其财产（征收）：

（1）出于公共需要而出让（本法典第二百三十三条之十八注释）；

（2）依法转让不属于某人的财产（本法典第二百八十三条）；

（3）对不动产所在土地的征收而导致不动产的移转；

（4）强制赎回管理不善的文化财产（本法典第二百八十五条）；

（5）没收（本法典第二百八十七条）；

（6）根据本法典第二百三十三条之九、第二百三十三条之十七、第二百三十三条之十九、第二百五十条、第二百七十一条以及第一千零四十六条第一款第一项的规定移转财产。

2. 在根据法院判决追偿所有人的债务财产的情况下，允许违背所有人意志没收财产（第二百三十三条之十六、第二百八十二条）。

第二百八十二条 因所有权人的债务而对财产进行追索

1. 如果法律或合同没有规定其他追偿程序，则根据法院判决，通过追偿所有人债务财产没收财产。

2. 向所有人追偿的财产所有权从没收受让人财产所有权产生之时起终止。

第二百八十三条　不得拥有的财产的所有权的终止

1. 如果根据法律允许的理由，一个人拥有的财产所有权因法律不能属于他，这个财产应当由所有人从财产所有权产生之时起三年内转让，《吉尔吉斯共和国土地法》另有规定的除外。

2. 在财产未被所有人在本条第一款规定的期限内出让，考虑其性质和用途，根据国家机关或地方自治机关的申请作出的法院判决，应强制出售，出售所得应转让给原所有人，或者转让国家或者市政所有并补偿法院确定的财产价值给原所有人。同时扣除财产出让费用。

3. 如果依照法律允许的依据，须经特别许可财产才能为公民或法人取得所有权，但又拒绝给所有权人颁发该许可，则该物应当按照为不得被该所有权人所有的财产所规定的程序移转。

第二百八十四条　因征收土地而转让土地上的不动产

1. 在本法典第 281 条第 1 款所规定的为公共需要没收土地或因土地使用不当，不得不终止土地上不动产所有权的情况下，在支付价款和赔偿损失后，按照法律规定的程序可以没收所有人的该财产。

如果向法院提出请求的有关国家机关或地方自治机关不能证明，不终止不动产所有权，他就不可能将土地用于被没收的目的，不动产没收的请求不应满足。

2. 本条规则相应地适用于因国家机关没收用于采矿、水域和不动产所在地的其他土地的决定不动产所有权终止的情况。

第二百八十五条　管理不善的文化珍品的赎回

根据法律属于特别珍贵和受国家保护的文化珍品的所有人管理不善这些珍品使其失去意义，这些珍品可以根据法院判决由国家通过赎买或公开拍卖从所有人处没收。

在赎买文化珍品时，按照双方协议规定的金额向所有人补偿其价值，而有争议时，由法院判决。在公开拍卖时，出售所得减去招标费用的金额将转给所有人。

第二百八十六条 征用

1. 在发生自然灾害、事故、流行病、动物流行病和其他紧急情况时，为了社会利益，根据国家机关的决定，按照法律规定的程序和条件可以没收所有人的财产，并向其支付财产的市场价值（征用）。

2. 按估价补偿给所有人的被征用财产的价值，所有人可以向法院提出异议。

3. 其财产被征用的人，有权在导致征用的情形终止后通过法院要求返还剩余财产。

第二百八十七条 没收

在法律规定的情况下，可以依照法院判决作为对实施犯罪行为或者其他违法行为的制裁形式而从所有权人处无偿剥夺财产（没收）。

第二百八十八条 国有化

1. 根据财产国有化法，只有通过国有化才允许将属于公民和法人的财产转变为国家所有，并向财产国有化的人补偿该财产的价值和因没收财产而造成的其他损失。

2. 国有化的条件和程序由法律规定。

3. 财产国有化是专门为确保国家安全和吉尔吉斯共和国的国防力量而进行的。

第十五章 所有权和其他物权的保护

第二百八十九条 所有权保护的基本方式

1. 所有权人有权从其他的非法占有人处取回自己的财产。

2. 所有权人可以要求承认其所有权，并消除其他与剥夺占有无关的侵犯其权利的行为。

第二百九十条 向非善意取得人要求返还财产

在从别的非法占有人索要财产时，所有人有权要求知道或应当知道其占有是非法的人（非善意的占有人）归还或补偿该人在全部占有期间获得或应当获得的所有收入，并要求善意占有人归还或补偿从他已知或应该已知非法占有或收到所有人要求归还财产的传票之时起，他获得或应当获得的所有收入。

第二百九十一条　善意取得者

1. 如果财产是从无权处分人处获得，而买受人不知道，也不应该知道（善意取得者），则在财产是由所有权人或者由所有权人将财产交付之人遗失、或者被盗取、或者其他方式违背所有权人的意愿而脱离占有的情况下，原先的所有权人有权向取得人追索该财产。

2. 善意买受人应当是其根据有偿行为获得财产的所有人，直到没有被生效的司法文书规定，该财产已被原所有人或被转移占有的人基于本条第 1 款规定的理由脱离占有为止。

如果原所有权人没有理由向善意取得者追索财产，则该原所有权人有权向法院申请由非法处分该财产的人赔偿损失。

3. 从无权转让财产的人处无偿取得财产的人不是善意取得者。

4. 在任何情况下，金钱和无记名证券不得向善意取得者追索。

第二百九十二条　根据法律规定的理由终止时所有权的保护

在通过终止所有权的法律文件的情况下，由于该法通过而给所有权人造成的损失由国家赔偿。损失赔偿纠纷由法院解决。

第二百九十三条　侵犯所有人权利的文件无效

如果由于行政机关或地方自治机关发布违法的文件而侵犯所有权人的权利，法院可以根据所有权人的申请认定该文件无效。

因发布上述文件而使所有权人遭受的损失，应由有关行政主管部门或地方自治机关全额赔偿。

第二百九十四条　保护非为所有权人的占有人的权利

本法典第二百八十九条至第二百九十一条规定的权利，也属于即使不是所有权人，但依照无期限的土地使用权、经营管理权、业务管理权或者法律规定的其他理由而占有财产的人。该占有人亦有权针对所有权人保护自己的占有。

第二百九十五条 善意取得人和非善意占有人赔偿生产成本的权利

1. 无论是善意的还是非善意的占有人，反过来有权要求所有人赔偿应从财产所得的收入时间起财产所支出的必要费用。

2. 善意占有人有权保留其所做的改良，如果它们可以分离而不会损坏财产。如果无法将改良分开，善意的占有人有权要求补偿改良的生产成本，但不得超过财产价值的增加。

第三部分　《塔吉克斯坦共和国民法典》物权法编

（武文杰　译　邓社民　张源洁　校对）

《塔吉克斯坦共和国民法典》物权法部分是1999年6月30日经塔吉克斯坦最高议会（6号）通过，2000年1月1日生效。2006年至2020年先后修改了6次。此文本根据2020年1月2日修改的文本翻译而成。

目　录

第二编　所有权和其他物权

第十一章　一般规定

第十二章　所有权的取得

第十三章　所有权的终止

第十四章至第十六章　删除

第十七章　共有及其类型

第十八章　限制物权

第一节　经营权

第二节　业务管理权

第三节　其他物权

第十九章　所有权和其他物权的保护

第二编 所有权和其他物权

第十一章 一般规定

第二百三十三条 所有权的概念和内容

1. 所有权是指所有权人对财产的占有权、使用权和处分权，被法律承认和保护。

2. 占有、使用和处分自己财产的权利属于所有人。占有权是实际拥有财产的法律保障能力。

使用权是从财产中获得有用的自然属性并从中受益的法律保障能力。利益可以表现为收入、孳息增加、繁殖和其他形式。

处分权是确定财产法律命运的法律保障能力。

3. 所有人有权按自己的意愿对其财产实施任何行为，包括将该财产转让给他人所有，在保留所有人的情况下，将其占有、使用和处分财产的权能转让给他人，抵押财产和以其他方式负担财产，以其他方式处分财产。

4. 所有人行使其权利不应侵犯他人的权利和受法律保护的利益。侵犯权利和合法利益的行为，除其他形式外，可表现为所有人滥用其垄断或支配地位。

所有权人应当采取措施，以防止在行使权利时可能对公民健康和环境造成损害。

5. 所有权无期限。财产所有权仅根据本法典的规定强制终止。

6. 在法律规定的条件下和范围内，在某些情况下所有权人应当允许他人有限度地使用其财产。

第二百三十四条 财产的维护责任

1. 所有人应承担维持其财产的责任，法律或合同另有规定的除外，并且不得单方面将这种责任转嫁给第三方。

2. 如果第三方合法地持有财产，则其维护他人财产而支付的费用应由所有人补偿，合同和法律另有规定的除外。

恶意和非法拥有物的人维护财产的费用不予补偿（本法典第三百二十四条）。

第二百三十五条　财产意外灭失或意外损坏的风险

1. 财产所有权人应承担财产的意外灭失或意外损坏的风险，但是法律或合同另有规定的除外。

2. 被处分的物意外灭失或意外损坏的风险在取得所有权的同时转让给买受人，法律或合同另有规定的除外。

3. 如果让与人有过错地逾期交付物品或买受人有过错地逾期接受物品，则逾期一方承担意外灭失或损坏的风险。

第二百三十六条　所有权的主体

1. 塔吉克斯坦共和国的所有权主体是国家、塔吉克斯坦共和国公民、公共协会和宗教组织、其他公民和集体协会、行政领土单位、其他国家、国际组织、其他外国法人和个人。

2. 塔吉克斯坦共和国确保财产不可侵犯，并确保每个所有权人的所有权得以实现。

3. 法律规定国家所有权的财产类型。

第二百三十七条　所有权的类型

1. 塔吉克斯坦共和国的财产所有权为私人和公共（国家）所有两种类型。

除非法律另有规定，在塔吉克斯坦共和国可能存在属于其他国家、国际组织、外国个人和法人所有的财产。

2. 塔吉克斯坦共和国为发展各种所有权形式创造必要的平等条件，并保障对其保护。

第二百三十八条　私有财产的概念和类型

1. 私有财产是公民或非国家法人及其协会的财产。

公共团体包括宗教组织的财产，是一种特殊的私有财产。

2. 任何财产都可以归私人所有，除某些种类财产，根据法律规定不得归公民或法人所有。

私有财产的数量和价值不受限制。

第二百三十九条　国家所有权

1. 国家财产表现为共和国和公共财产。

2. 共和国财产由共和国国库和根据法律规定划拨给共和国国家法人的财产。

共和国预算资金、黄金储备、钻石基金、国家专属财产和其他未划拨给国家法人的国家财产构成塔吉克斯坦共和国国库。

3. 公共财产包括地方国库和根据立法法令分配给国家法人的财产。

地方预算的资金和其他未划拨给国家法人的公共财产构成地方国库。

4. 国家所有的经营权和业务管理权财产可以划拨国家法人。

第二百三十九条　专属国家财产

1. 土地、地下、水、空间、植物和动物界、其他自如资源专属国家所有。

2. 行使土地和其他自然资源所有权的特点由本法典、土地和其他法律规定。

第二百四十条　住宅的所有权和其他物权

行使住宅所有权和其他物权的特点由塔吉克斯坦住宅法典调整。

第二百四十一条　非财产所有权人的物权

1. 除所有权外，物权还包括：

（a）土地使用权；

（b）业务管理权；

（c）经营权；

（d）其他物权。

2. 土地使用权是指自然人或法人—土地使用人根据土地的用途获得土地有益属性的法律保障能力，土地占有权归使用土地的使用人。

土地使用权，土地使用人权利和义务的产生、变更和终止，包括土地使用权转让的理由和程序由塔吉克斯坦共和国土地法典确定。

第十二章　所有权的取得

第二百四十二条　所有权取得的根据

1. 一个人根据法律和其他法规为自己制造或创造的新物品的所有权由该人获得。

因使用财产而获得的天然孳息、产品和法定孳息的所有权，依照本法典第一百四十九条的规定取得。

2. 有主财产的所有权，可以依照买卖合同、互易合同、赠与合同或其他转让该财产的法律行为而由他人取得。

在公民死亡的情况下，属于其财产的所有权根据遗嘱或法定继承转让给他人。

在法人改组的情况下，属于法人的财产所有权转让给被改组法人的继受人。

除本法典规定的情况外，不得违背所有人的意志将财产从所有人转让给其他人。

3. 一个人按照本法典规定的程序可以获得没有所有人、所有人不明，或所有人放弃财产，或根据法律规定的其他理由丧失了所有权的财产所有权。

4. 住房、住房建设、别墅、车库或其他非营利合作社，其他有股金积累权的人，为公寓、别墅、车库或由合作社提供给该人其他房屋全额缴纳其股份的，获得上述财产的所有权。

第二百四十三条　新建不动产所有权的发生

建筑物、构筑物和其他应进行国家登记的重建不动产所有权自登记之日起产生。

第二百四十四条　加工

1. 如果合同没有不同规定，一个人对不属于他的材料进行加工而产生的新的动产，其所有权由材料的所有权人取得。

但是，如果加工的价值大大超过材料的价值，则新物的所有权由善意加工人取得。

2. 除合同另有规定外，材料所有人获得材料制成物品的所有权的，有义务向从事加工的人补偿加工费，而在加工人获得新物品的所有权的情况下，其有义务向材料所有人补偿材料费。

3. 由于加工人的恶意行为丢失了材料的所有人有权要求将新物交付其所有，并赔偿对其造成的损失。

第二百四十五条　公众可采集物的归属

如果依照法律和财产所有权人的一般性许可，或者依照地方习俗允许在森林、水体或其他地域采集浆果、捕鱼、采集或猎取其他公众均能取得的物或动物，则有关的所有权由进行采集或捕猎的人取得。

第二百四十六条　违章建筑

1. 违章建筑是指未按照法律和其他法律规范规定的程序，或未获得必要许可或严重违反城市规划规范和规则在土地上建造的住宅、其他建筑、构筑物或其他不动产违章建筑人不得获得该房屋的所有权。无权通过出售、赠与、出租和其他行为处分建筑物。

2. 违章建筑人不能取得违章建筑之所有权，也没有处分、出卖、赠与、出租、实施其他法律行为的权利。

违章建筑应由建筑人拆除，或由其承担费用，但本条第三款规定的情况除外。

3. 在按照塔吉克斯坦共和国法律规定的程序将土地提供给该人的条件下，法院可以承认完成违章建筑的人所有权。如果保留建筑物侵犯了他人的权利和受法律保护的利益，或危及他人的生命和健康，或危及该建筑物周围设施的安全，则不能承认该人建筑物的所有权。

第二百四十七条　合同买受人所有权产生的时间

1. 合同买受人物的所有权从交付之日起产生，法律或者合同另有规定的除外。

2. 如果财产转让合同应当进行国家登记的，买受人所有权自其登记的时间起产生。

第二百四十八条　物的交付

1. 交付是指将物交给买受人，以及交给承运人送交买受人，或将无义务送达转让的物交给邮递组织送交买受人。

物自买受人或其指定的人实际占有之时起即视为已交付给买受人。

2. 如果在订立物的转让合同时买受人已经占有该物品，则该物品自该日起视为已交付给买受人。

3. 物的提单或其他商品处分文书的交付等同于物的交付。

第二百四十九条　无主财产

1. 无主财产，是指没有所有权人或者其所有权人不明，以及所有权人抛弃其所有权的财产。

2. 如果这个不排除获得所有人放弃的物（本法典第二百五十条）、拾得物（本法典第二百五十一条至第二百五十二条）、无人看管的动物（本法典第二百五十四条至第二百五十五条）和埋藏物（本法典第二百五十七条）的所有权规则，无主动产物的所有权可以因取得时效获得（本法典第二百五十八条）。

3. 无主不动产物根据有关国家机关的申请由不动产国家登记机关进行登记。

从无主不动产交付登记之日起满两年，授权管理国家财产的机关可以向法院请求承认该物已为国有财产。

无主不动产，根据法院判决未被承认为国家所有的，可以由其原所有人重新占有、使用和处分，或者因取得时效获得所有权（本法典第二百五十八条）。

第二百五十条　所有权人放弃的动产

1. 所有人抛弃或为了放弃其所有权以其他方式遗弃的动产（抛弃物）可以按照本条第2款规定的程序由他人所有。

2. 占有或使用土地、水源或其价值明显低于估算金额的抛弃物，或抛弃的金属废料、有缺陷的产品、采矿时产生的合金废料、废料堆和排放物、生产废料和其他废物所在的其他客体的人，有权通过开始使用它们或采取其他证明拥有物的所有权行为，将这些物变为自己财产。

其他归占有人所有的抛弃物，如果按照该人申请，法院承认这些物品是无主物。

第二百五十一条 拾得物

1. 遗失物的拾得人有义务及时通知失主或其所知悉的其他任何有权获得的人，并将遗失物返回给该人。

如果物品是在建筑物或交通工具上拾得，则应交给代表建筑物或交通工具占有人的人。在这种情况下，收到拾得物的人即取得拾得人的权利和承担拾得人的义务。

2. 如果有权要求返还拾得物的人不明或其下落不明，则拾得人有义务向民警机关或国家机关报告拾得物的情况。

3. 拾得人有权自己保管拾得物或将拾得物交给民警机关、国家机关或他们指定的人保管。

易腐物品和其保管费用与其价值不成比例的物品，可以由拾得人在收到证实的收入金额的书面证明变现。出售拾得物所得的款项应返还给有权领取物品的人。

4. 只有在故意或严重过失的情况下，物的拾得人在拾得物的价值的限度内对拾得物的遗失和损坏负责。

第二百五十二条 拾得物所有权的取得

1. 如果在向警察或有关国家机关申报拾得物之时起六个月内（第二百五十一条第二款），有权获得遗失物品的人没有被查明和没有向拾得人或警察或有关国家机关申报自己的权利，拾得人将获得其所有权。

2. 如果物的拾得人拒绝取得拾得物归己所有，则拾得物应收归国家所有。

第二百五十三条　补偿与拾得物有关的费用和给拾得人的报酬

1. 在物转移为有关国家机关所有的情况下，拾得人和有权领取返还物的人有权获得与物的保管、交付或变卖有关的必要费用补偿，以及与发现有权领取物的人的费用。

2. 物的拾得人有权要求有权获得物的人支付拾得物的价值20%的报酬。

如果拾得的文件或其他物品仅对有权获得它们的人有价值，根据与该人达成的协议确定报酬数额，如果未达成协议，则由法院确定报酬数额。如果有权要求返还拾得物的人公开承诺拾得物报酬，则根据公开承诺奖励的条件支付报酬。

拾得人有权在支付报酬之前留置拾得物（本法典第三百八十八条），只有有权使用文件的人要求返还文件的除外。

如果拾得人没有申报拾得物或试图隐瞒的，则不产生获得报酬的权利。

第二百五十四条　无人照管的动物

1. 抓获无人照管的或走失的牲畜或其他无人照管的家养动物的人，应将它们返还给失主，而如果失主不明或失主的所在地不明，则应在抓获动物之时起的三日内向民警机关或国家机关报告所发现动物的情况，民警机关和国家机关应采取措施寻找动物的失主。

2. 在寻找动物所有人时，动物可以由抓获动物的人保管和使用，或者交给有必要条件的其他人保管和使用。应抓获无人看管动物的人的请求，警察或有关国家机关应寻找有必要条件的人保管并将动物移交给他。

3. 抓获无人看管的动物的人和被移交给照料和使用无人看管的动物的人有义务对其进行适当的照料，并在有过失的情况下在动物价值范围内对动物的死亡和损害负责。

第二百五十五条　无人照管动物的所有权的取得

1. 如果自报告抓获无人照管的家养动物之时起六个月内尚未发现其所有权人，也无人主张自己对该动物的权利，则饲养和使用该动物的人可取得该动物的所有权。

如果该人拒绝获得他所养的动物所有权，这些动物将成为国家财产，并按照有关国家机关确定的程序使用。

2. 在动物的原所有人在动物转移给另一人所有后出现的情况下，如果存在动物仍然对他有依恋，或者新所有人虐待或其他不当方式对待动物虐待的情况证据，所有人有权要求按照与新所有人协议确定的条件归还动物，而在达不成协议时由法院判决。

第二百五十六条　补偿照管无人监管的动物的费用和报酬

1. 在将无人照管的家养动物返还给所有权人的情况下，抓获动物的人和饲养及使用动物的人，有权要求动物的所有权人补偿与饲养动物有关的必要费用，但应扣除使用动物所得的利益。

2. 抓获无人照管的家养动物的人，有权依照本法典第二十五条第二款的规定要求取得报酬。

第二百五十七条　埋藏物

1. 在埋藏物被发现或者历史和文化古迹被发现的情况下，隐藏埋藏物的土地使用人、建筑物所有人等，以及发现埋藏物或者历史和文化古迹的其他人有义务将其转交国家。

在这种情况下，隐藏埋藏物的土地或其他财产的所有权人，以及发现埋藏物的人，有权共同获得数额为埋藏物价值百分之五十的报酬。报酬根据当事人的协议分配，如果未达成协议，则由法院判决。

2. 发现与历史文物有关埋藏物的人有权保留该埋藏物，直到向其支付报酬为止（本法典第三百八十八条）。

第二百五十八条　取得时效

1. 所有权人以外的公民或者法人，善意、公开且不间断地以自己所有的意思占有不动产满十五年或者其他财产满五年，取得对该财产的所有权（取得时效）。

应进行国家登记的不动产和其他财产所有权，因取得时效获得财产的人自该登记之时起产生。

2. 在因取得时效取得财产所有权之前，以自己所有的意思占有财产的人有权保护自己的占有对抗不是财产所有人的第三人，以及因法律或者合同规定的其他理由无权占有财产的人。

3. 援引取得时效的人可以将其继承人占有该财产的全部时间加在自己占有时间上。

4. 根据本法典第三百二十二条和第三百二十六条的规定，对于拥有物的人要求物取得时效期限从其占有开始，不得早于有关要求的诉讼时效期限。

第十三章　所有权的终止

第二百五十九条　所有权终止的根据

1. 在所有权人将自己的财产转让给他人，所有权人放弃自己的所有权，财产灭失或毁损以及在所有权人丧失其财产所有权的其他法定的情况下，所有权终止。

2. 除以下情况外，不允许强制剥夺所有权人的财产：

（a）因所有权人的债务对财产进行追索；

（b）转让依法不得由该人拥有的财产；

（c）征用；

（d）没收；

（e）因征用土地而转让不动产；

（f）赎买不精心管理的历史文物；

（g）在本法典规定的其他情况下转让财产。

3. 在私有化法律规定的条件和程序下，国有财产转为公民和法人的私人所有。

4. 在塔吉克斯坦共和国关于公民和法人拥有的私有财产（国有化）转变为国家所有的法律通过的情况下，他们将按照法律规定的程序获得赔偿。

第二百六十条　放弃所有权

公民或法人证明确定无意保留任何财产权排除其财产的占有、使用和处分的，可以声明或从事其他行为放弃其财产所有权。

在其他人获得该财产之前放弃所有权不引起所有人对有关财产权利和义务的终止。

第二百六十一条　因所有权人的债务而对财产进行追索

1. 根据法院判决通过追偿所有人债务财产没有财产，法律或者合同规定其他追偿程序的除外。

2. 追偿财产所有权自没收财产的受让人所有权产生之时起终止。

第二百六十二条　不得拥有的财产的所有权的终止

1. 如果根据法律许可的理由，一个人拥有的财产因法律不属于他，这个财产应由所有人从财产所有权产生之时起一年内转让，法律规定其他期限的除外。

2. 如果所有人未在本条第 1 款规定的期限内转让财产，则考虑其性质和用途，根据法院按照有关国家机关的申请作出的判决，应强制出售，出售所得应转移给原所有人，或者应转为国家所有并向原所有人补偿法院确定的财产价值数额。在这种情况下应扣除财产转让费用。

3. 如果根据法律许可的理由，公民或法人拥有的物必须经特别许可获得的，而拒绝向所有人发放特别许可时，则该物应按照不属于该所有人的财产规定的程序转让。

第二百六十三条　因征用土地和其他自然资源而终止不动产的所有权

1. 只有在法律规定的程序和情况下允许因国家机关不旨在直接从所有人处没收财产，包括没收所有人房屋、其他建筑物、构筑物或种植物所在的土地的决定终止不动产所有权，并向财产所有人提供同等价值的财产和赔偿因终止所有权而遭受的其他损失或造成的全部损失。

2. 在所有人不同意导致所有权终止的决定时，在通过司法程序解决争议之前，不得执行该决定。在审理争议时，赔偿所有人遭受损失的全部问题一并解决。

3. 本条规则应相应地适用于因国家机关没收财产所在的矿山、水域和其他土地的决定而终止不动产所有权的情况。

第二百六十四条　保管不善的文化珍品的赎买

根据法律属于特别珍贵和受国家保护的文化珍品所有人管理不善，有丧失其价值的危险，该珍品根据法院判决可以由国家通过赎买或公开拍卖从所有人手中没收。

在赎买文化珍品时，应向其所有权人补偿珍品的价值，数额由双方当事人协商，如有争议，则由法院决定。在进行公开拍卖时，拍卖所得金额在扣除拍卖费用后应归珍品的所有权人。

第二百六十五条　所有权终止后的财产评估

所有权终止后，财产将根据其市场价格进行估值。

第二百六十六条　征用

1. 在发生自然灾害、事故、人畜传染病和其他具有非常性质的情况时，根据国家机关的决定，依照法律规定的程序和条件，可以向财产所有权人收缴财产，并向其给付财产的价值（征用）。

2. 补偿给所有人征用财产价值的估价可以向法院提出异议。

3. 财产被征用的人有权在征用发生的情况结束时，而在法院按照程序拒绝归还的情况下，要求归还其剩余财产。

第二百六十七条　没收

1. 在法律规定的情况下，根据法院的判决，财产可以作为对犯罪或其他违法行为的处罚被无偿没收。

2. 在法律规定的情况下，没收可以按行政程序进行。对按行政程序作出的没收财产的决定，可以向法院提出申诉。

第二百六十八条　国有化

只有根据《宪法》通过的关于财产国有化的法律，才能通过国有化将属于公民和法人的财产转变为国家财产，并补偿财产被国有化的人财产价值和没收财产造成的其他损失。

第二百六十九条　非所有权人享有的物权的终止

根据本法典第二百五十九条第一款、第二款规定的规则，以及根据所有人按照法律、法人章程或所有人与财产占有人的合同规定的程序作出的决定，属于非所有人的物权终止。

第十四章至第十六章 删除

第十七章 共有及其类型

第二百九十二条 共有的概念和共有发生的根据

1. 两人或两个以上人拥有的财产共有权属于他们。

2. 财产可以共同拥有，每个所有人的所有权份额可以确定（按份共有）或未确定（共同共有）。

3. 除法律许可财产共有外，共有财产是按份共有。

4. 在两个或两个以上的人拥有财产时，未改变其用途（不可分物）或因法律不应分割的财产共有权。

在法律或合同规定的情况下，发生可分物的共有。

5. 根据共有人协议，如果不能达成协议，根据法院判决确定这些人对共同财产的按份所有。

第二百九十三条 按份共有权中份额的确定

1. 如果按份共有人的份额不能依照法律确定，而且共有人的协议也未作出约定，则所有共有人的份额均等。

2. 所有按份所有人的协议可以规定确定和变更其份额的程序，独立于每个人对共同财产的形成和增加贡献。

3. 按份所有人按照共同财产使用程序自费对该财产进行不可分割的改良的，有权在共同财产权中相应增加其份额。

共同财产的单独改良，除按份共有人的协议另有规定外，应归进行改良的共有人所有。

第二百九十四条 按份共有财产的处分

1. 按份共有财产的处分，依照全体按份共有人的协议进行。

2. 按份共有人有权按照自己的意志出售、赠与、遗嘱处分、抵押自己的份额或进行其他形式的处分，但在进行有偿转让时，必须遵守本法典第二百九十八条规定的规则。

第二百九十五条　按份共有财产的占有和使用

1. 按份共有财产的占有和使用，依照全体按份共有人的协议进行，而在他们无法达成协议的情况下，则按照法院决定的办法进行。

2. 按份共有人有权按其份额比例占有和使用共同财产的一部分，如果不可能时，有权要求占有和使用属于其份额财产的其他共有人给予相应的赔偿。

第二百九十六条　按份共有财产所得天然孳息、产品和法定孳息的使用

按份共有财产的使用所得的孳息、产品和收入组成共同财产。孳息、产品和收入的随后分配按其份额比例在按份共有人之间进行，他们之间另有协议的除外。

第二百九十七条　按份共有财产的维护费用

1. 每个按份共有人有义务按其份额比例分担共同财产的税款、费用和其他款项，以及维护和保护共同财产的成本，法律或合同另有规定的除外。

2. 不必要的和未经其余人同意由所有人中的一人产生的费用由其自己承担。由此产生的争议应通过司法程序解决。

第二百九十八条　优先购买权

1. 在将共有权中的份额出售给第三人时，其余按份共有人按出售价格和其他同等条件享有出售份额的优先购买权，公开拍卖的情况除外。

在本法典第三百零三条第二款规定和法律规定的其他情况下，如果所有按份共有人不同意，可以公开拍卖共有权中出售的份额。

2. 共有财产份额的出售人，必须将向他人出售其份额的意图以书面形式通知其余按份共有人，并说明出售的价格和其他条件。如果按份共有的其他人拒绝购买或在一个月内没有获得不动产所有权中出售的份额，而对于其他财产，从通知之日起十天内，出卖人有权将其份额出售给任何人。

3. 在违反优先购买权出售份额的情况下，任何其他按份共有人均有权在三个月内通过司法程序请求将买方的权利和义务移转于他。

4. 本条规则也适用于依照互易合同转让份额的情况。

第二百九十九条　共有财产份额依照合同移转给取得人的时间

共同财产的份额自合同签订之时起移转给取得人，但双方当事人的协议有不同规定的除外。

应进行国家登记的共有财产的份额移转给取得人的时间，依照本法典第二百四十七条第二款确定。

第三百条　按份共有财产的分割和份额的分出

1. 按份共有的财产，可以根据共有人的协议在共有人之间进行分割。

2. 按份共有财产的共有人有权要求从共有财产中分出自己的份额。

3. 按份共有人就分割共同财产或分出某个共有人的份额的方式和条件达不成协议时，按份共有人有权通过诉讼程序要求从共有财产中以实物分出自己的份额。

如果法律不允许以实物方式分出份额，或者以实物方式分出份额可能对共有财产造成严重损害，则要求分出其份额的共有人有权通过司法程序要求其他按份共有人给付其份额的价值。

4. 根据本条向按份共有人实物分出的财产不相称的，其在共有权中的份额以支付相应的金额或其他补偿予以纠正。

经其同意，允许由其余共有人向按份共有人支付赔偿代替其实物份额分出。如果所有人的份额很小，不能实际分出和在共同财产使用中没有实质利益，法院在未经该所有人同意时也可以责令其他按份共有人向其支付赔偿金。

5. 随着依照本条的规定取得补偿，所有权人即丧失其在共同财产份额的权利。

第三百零一条　共同共有财产的占有、使用和处分

1. 共同共有人，对共有财产进行共同占有和共同使用，协议另有规定的除外。

2. 共有财产的处分须经所有共有人同意，而不论处分财产的行为由共有人中谁提出。

3. 共同财产的每个共有人都有权从事共同财产的处分行为，所有共有人的协议另有规定的除外。共有人中的一人从事与共同财产处分有关的行为，在有证据证明行为的另一方当事人知道或理应知道该行为的情况下，可以因行为一方共有人没有必要的权力，按照其他共有人的要求视为无效（本法典第一百九十九条）。

4. 除本法典或其他法律对某些种类的共同财产另有规定外，适用本条第一款至第三款。

第三百零二条　共同共有财产的分割和份额的分出

1. 共同财产在共同共有人之间分割，以及分出共有人中一人的分开，可在事先确定每个共有人在共同财产中份额的条件时执行。

2. 在分割共有财产和分出份额时，如果法律或共有人的协议未有不同规定，则认为所有共有人的份额均等。

3. 共同财产分割的依据和程序以及从中分出的份额按照本法典第三百条的规定确定，仅限于本法典、其他法律对共同财产单独种类没有另外规定和不违背共同共有人的关系。

第三百零三条　对共有财产中份额的追索

1. 按份或共同共有人的债权人在后者的其他财产不足时，为了追偿有权要求分出债务人在共有财产中的份额。

2. 如果在这种情况下无法分出实物份额，或按份或共同共有的其他共有人对此表示反对，债权人有权要求债务人以与该份额市场价值相当的价格将其份额出售给其余共有人，并将出售所得转为清偿债务。

如果其余共有人拒绝购买债务人的份额，债权人有权向法院提出请求，通过公开拍卖债务人在共有财产中的份额而对该份额进行追索。

第三百零四条　夫妻共有

1. 夫妻在婚姻存续期间积累的财产，是夫妻共同共有财产，法律另有规定或夫妻双方另有约定除外。

2. 婚前属于夫妻一方的财产，以及夫妻一方在婚姻存续期间作为礼物或按照继承程序获得的财产，是夫妻一方的财产。

除贵重物品和其他奢侈品外，个人使用的物品（衣服、鞋等），尽管是在婚姻存续期间使用夫妻共同资金所购买的，亦被认为是一方的财产。

夫妻一方的财产可被视为他们的共同财产，条件是在婚姻存续期间，由于夫妻的共同财产或夫妻另一方的个人财产所进行的投资大大增加了该财产价值（大修、改建、装修等）。除非夫妻之间的合同另有规定，本条规则不适用。

3. 根据夫妻一方的债务，只能追偿其拥有的财产，以及在该财产分割时其在夫妻共同财产中应得的份额。

4. 在夫妻共同财产进行分割时确定夫妻份额的规则以及进行分割的程序，由《塔吉克斯坦共和国家庭法》规定。

第三百零五条　农场（畜牧场）的所有

1. 农场的财产属于其成员的共同共有权，法律或他们之间的合同另有规定的除外。

2. 农场成员共同拥有土地上的种植物、经济建筑和其他建筑、土壤改良和其他构筑物、生产和工作牲畜、家禽、农业和其他技术和设备、交通工具、工具和农户成员共同基金购买的其他财产。

3. 因农场经营获得的孳息、产品和收入是农场成员的共同财产，并根据他们之间的协议使用。

第三百零六条　农场（畜牧场）财产的分割

1. 由于所有成员退出或其他原因致使农场（畜牧场）终止时，其共有财产应按照本法典第三百条和第三百零二条规定的规则进行分割。

2. 在一个成员退出时，属于农场（畜牧场）的土地和生产资料不得进行分割。

退出农场（畜牧场）的人有权取得与其在共有财产所有权中的份额相当的金钱补偿。

3. 在本条第一款和第二款所规定的情况下，农场（畜牧场）成员在共同共有财产中的份额被认为是均等的，但他们之间的协议有不同约定的除外。

第三百零七条　在农场重组为经济合伙或合作社时的财产法律制度

1. 农场成员可以在农场财产的基础上成立经济合伙或合作社。重组的农场作为法人拥有由农场成员以存款和其他缴款形式转让给其的财产，以及由于其经营获得的和按照其他不与法律抵触理由获得的财产所有权。

2. 作为合伙或合作社成员的农场成员的存款额，根据他们在本法典第三百零六条第三款规定的程序确定的农场财产共有权中的份额确定。

第十八章　限 制 物 权

第一节　经　营　权

第三百零八条　经营权

享有财产经营权的共和国和市政单一制企业，在根据本法典规定的范围内占有、使用和处分该财产。

第三百零九条　经营权的客体

任何财产都可以成为经营权的客体，法律另有规定的除外。

第三百一十条　经营权的获得和终止

1. 所有人决定将财产划拨给已经成立的国有企业，该企业财产经营权在财产划拨到企业独立资产负债表时产生。法律或所有人的决定另有规定的除外。

2. 企业根据合同或其他理由从财产使用获得的孳息、产品和收入，按照法律规定的获得所有权的程序进入企业经营。

3. 根据法律规定的终止所有权的理由和程序，以及在所有人决定合法收回企业财产的情况下，财产经营权终止。

第三百一十一条　所有权人对财产的经营权

1. 拥有财产经营权的所有人依法决定企业的成立、确定其活动的对象和目的、重组和清算，任命企业厂长（负责人），监督使用用途和保值企业的财产。

2. 财产所有权人有权从企业享有经营权的财产使用中获得部分利润。

第三百一十二条 国有单一制企业的财产权的行使条件

1. 未经所有权人或经授权的国家机构的同意，享有经营权的国有单一制企业无权从事以下类型的企业家活动：

（a）将企业的房屋、建筑物、设备和其他固定资产出售和转让给他人，交换，长期出租（三年以上），临时免费使用；

塔吉克斯坦共和国政府可以确定国有单一制企业的房屋、建筑物、设备和其他固定资产的清单，不论租赁期限如何，其租赁均应与经授权的国家机构进行；

（b）建立分公司和子公司，与私人企业家共同建立合资企业，在企业中投资自己的生产和货币资本；

（c）向私营企业家提供贷款，贷款利率低于塔吉克斯坦共和国国家银行批准的贷款利率。

2. 国有企业根据经营权独立处分转让给其的动产，法律另有规定的除外。

第二节 业务管理权

第三百一十三条 业务管理权

1. 国有企业以及机构对划拨给它们的财产，在法律规定的限度内，根据自己活动的宗旨、财产所有权人提出的任务和财产的用途，行使占有、使用和处分的权利。

2. 将财产划拨给国有企业和机构的所有权人，有权收缴多余的、未得到使用的或者未按用途使用的财产，并按照自己的意志进行处分。

第三百一十四条 国有企业财产的处分

1. 国有企业对于划拨的财产，只有取得该财产所有权人的同意，才有权转让和进行其他形式的处分。

国有企业独立销售其所生产的产品，但法律或其他规范性法律文件有不同规定的除外。

2. 国有企业收入的分配办法由其财产所有权人决定。

第三百一十五条　机构财产的处分

1. 机构无权转让或以其他方式处分划拨给其的财产和用其预算拨款购买的财产。

2. 如果根据机构设立文件授权机构开展创收活动，则该活动获得的收入和由此产生的财产将由该机构独立处分，并在单独的资产负债表中记录。

第三百一十六条　财产的业务管理权的取得和终止

1. 所有人划拨给国有企业或机构的财产经营管理权自财产转让之时起产生，法律和其他法规或所有人的决定另有规定的除外。

2. 使用业务管理财产获得的孳息、产品和收入以及国有企业或机构按照合同或其他理由获得的财产，为了获得所有权，按照本法典和其他规范性法律文件规定的程序进入企业和机构的业务管理。

3. 财产业务管理权根据本法典和所有权终止的其他规范性法律文件规定的理由和程序，以及根据所有人的决定在合法收回国有企业或机构财产的情况下终止。

第三百一十七条　所有权人收回和重新分配有业务管理权的财产

划拨给机构或国有企业财产的所有权人有权收回该财产，或者根据自己的意志在其他法人之间重新分配财产，但是法律另有规定除外。

第三百一十八条　业务管理中的财产征收

1. 根据法律的普通程序追偿机构和国有企业拥有的财产，本法典和法律另有规定除外。

2. 如果机构有经营活动收入，则由所有人转为业务管理财产的追偿，在从经营活动获得收入和利用该收入获得财产后进行征收。

3. 机构和国有企业对于其支配的资金承担责任。

如果机构或国有企业的资金不足，则该机构或国库企业的所有者承担责任。

第三百一十九条　在企业或机构转移给其他所有权人时保留财产权

1. 在国家或行政区划企业作为财产综合体的所有权转移给其他国家或行政区划财产的所有人时，该企业保留其财产经营权。

2. 在机构的所有权移转给他人时，机构对其所有的财产仍保留业务管理权。

第三节　其他物权

第三百二十条　对财产的占有、使用和处分的限制物权

占有使用和处分财产的限制物权因合同义务产生，如财产租赁、出租、贷款合同和其他法律规定的情形。

第十九章　所有权和其他物权的保护

第三百二十一条　所有权的承认

所有权人有权要求承认其所有权。

第三百二十二条　要求返还被他人非法占有的财产

所有权人有权要求返还其被他人非法占有的财产。

第三百二十三条　向善意取得人要求返还财产

1. 如果财产是从无权处分财产的人那里有偿获得的，而买受人不知道和不可能知道（善意买受人），在财产被所有人或转移占有的受让人丢失，或者从一方或另一方那里被盗，或违背其意志脱离占有的，则所有人有权向买受人追索该财产。

2. 如果财产是从无权处分财产的人处无偿获得的，所有人在任何情况下都有权追索财产。

3. 对金钱、无记名有价证券，不得向善意取得人要求返还。

第三百二十四条　返还非法占有财产时的结算

在追索他人非法占有财产时，所有人有权要求知道或应该知道其占有是非法的人（恶意占有人），返还或补偿该人在占有期间获得或应该获得的所有收入；要求善意占有人返还或补偿自他知道或应该知道非法占有或收到财产所有人要求归还财产的传票以来，他已经获得或应该获得的所有收入。

反过来，善意占有人有权要求所有人补偿财产收益应支付给所有人的时间起对财产所发生的必要费用。

善意占有人有权保留其所做的改良，如果它们可以分离而不会损坏财产。如果这样的改良分离不可能，善意占有人有权要求赔偿改良发生的费用，但不得超过财产价值的增加。

第三百二十五条　保护所有权人的权利免受与丧失占有无关的侵犯

所有权人可以请求排除对其权利的任何侵犯，即使这些侵犯与他丧失其占有无关。

第三百二十六条　对非所有权人的占有人的权利的保护

本法典第三百二十二条至第三百二十五条规定的权利属于不是所有人的人，但属于终身继承占有、经营、业务管理或按照法律或合同规定的其他理由占有财产的人。该人有权保护其占有甚至对抗所有人。

第三百二十七条　侵犯所有人权利和其他物权的国家权力机关、地方国家权力机关、地方自治机关和官员的行为无效

1. 如果由于国家权力机关、地方国家权力机关和地方自治机关或者官员颁布不符合规范的或特定法令法律，侵犯所有人和其他占有、使用和处分其财产的人的权利，根据所有人或者权利受到侵犯的人诉讼请求，这种行为按照司法程序被视为无效。

2. 有关国家权力机关以及地方自治机关从相应预算中全额赔偿因发布上述法令而给所有人造成的损失。

第四部分 《乌兹别克斯坦共和国民法典》物权法编

（李世杰 译 邓社民 周盛杰 校对）

《乌兹别克斯坦共和国民法典》物权法部分 1995 年 12 月 21 日经乌兹别克斯坦共和国最高议会（163－Ⅰ）通过，1997 年 3 月 1 日生效。2007 年至 2022 年先后修改了 11 次。此文本根据 2022 年 11 月 7 日修改的文本翻译而成。

目 录

第二编 所有权和其他物权

第十三章 一般规定

第十四章 经营权和业务管理权

第十五章 所有权的取得和终止

第十六章 个人所有权

第十七章 公共财产权

第十八章 共有财产权

第十九章 所有权及其他物权的保护

第二编　所有权和其他物权

第十三章　一般规定

第一百六十四条　所有权概念

所有权是指根据自己的意愿和利益占有、使用和处分其财产，以及要求排除任何侵犯其所有权的人的权利，无论这种行为来自谁。所有权无期限。

第一百六十五条　非财产所有权人的物权内容

除所有权外，物权还包括：

财产的经营权和财产的业务管理权；

土地的终身继承占有权；

土地的永久使用权；

地役权。

财产所有权转让给他人并不是终止该财产其他物权的理由，法律另有规定的除外。

按照本法典第二百三十二条规定的程序，非所有人的物权不受侵犯。

第一百六十六条　财产不可侵犯

财产所有权不受侵犯，受到法律保护。

财产不可侵犯性是指防止对抗所有人的全部主体侵犯所有权。

只有在立法规定的情况下，才允许从所有权人处没收财产和限制其权利。

第一百六十七条　所有权形式

乌兹别克斯坦共和国的财产以私人和公共形式出现。

第一百六十八条　所有权主体

所有权的主体是公民、法人和国家。

财产可以属于一人或两人或多人。

财产所有权的获得和终止、占有、使用和处分财产的特殊性，取决于法律规定拥有财产的公民、法人或国家。

第一百六十九条 所有权客体

所有权可以是土地、地下、水、空间、动植物和其他自然资源、企业、物，包括建筑物、公寓、构筑物、设备、原材料和产品、金钱、有价证券和其他财产以及知识产权客体。

第一百七十条 土地和其他自然资源的所有权和其他物权

土地和其他自然资源的所有权和其他物权由本法典和其他法律规定。

第一百七十一条 住所所有权和其他物权的行使

住所所有权和其他物权的行使由法律规定。

第一百七十二条 所有权行使条件

所有权人行使其权利不应侵犯受法律保护的他人的利益。

在某些情况下，在法律规定的条件和范围内，所有权人有义务允许其他人有限度地使用其财产。

所有权人无权滥用其支配地位，实施其他损害他人权利和受法律保护的他人利益的行为。

所有权人在行使其权利时，有义务采取措施避免损害公民的健康和环境。

第一百七十三条 有限使用他人土地的权利（地役权）

不动产（土地、其他不动产）所有权人有权要求邻地的所有权人，必要时还有权要求其他土地的所有权人提供相邻土地的有限使用权（地役权）。

为了保障经过他人的土地通行，铺设和运营输电线路、通信和管道，保障供水，以及不设立地役权就不能保障不动产所有人其他需要，可以设立地役权。

为土地设定地役权负担不剥夺土地所有权人占有、使用和处分该土地的权利。

地役权应根据要求设立地役权的人与他人土地的所有人之间的协议设定，并应按照不动产权利登记程序进行登记。在地役权的设定或条件未达成协议的情况下，争议由法院根据要求设立地役权的人的请求解决。

依照本条第一款、第二款、第三款、第四款规定的条件和程序，地役权可以为提供土地终身继承占有或永久占有和使用权的人的利益和请求设立。

除法律另有规定外，地役权担保的地块所有人有权要求地役权的受益人支付使用土地的相应费用。

第一百七十四条　维护财产的责任

财产所有权人对属于他的财产承担维护的责任，但法律或合同有不同规定的除外。

第一百七十五条　财产意外灭失或损坏的风险

财产意外灭失或意外损坏的风险由其所有权人承担，但法律或合同有不同规定的除外。

第十四章　经营权和业务管理权

第一百七十六条　经营权

拥有财产经营权的单一企业在本法典规定的范围内占有、使用和处分该财产。

第一百七十七条　拥有财产经营权的所有人权利

拥有经营权的财产所有人依法决定企业的成立、确定企业活动的对象和目的、企业的重组和清算，任命企业的董事长（负责人），监督按用途使用和维护属于企业的财产。

所有人有从企业经营财产的使用中获得部分利润的权利。

单一制企业未经所有人同意，无权出售属于其经营权的不动产、出租、抵押、作为对合伙企业和公司的注册资本投资或以其他方式处分该财产。

企业有权独立处分属于企业的其余财产。

第一百七十八条　业务管理权

国有企业以及机构，对划拨给它们的财产，在法律规定的限度内，根据自己活动的宗旨、财产所有权人提出的任务和财产的用途，行使占有、使用和处分的权利。

划拨给国有企业或机构的财产所有人有权收回多余的、未使用的或未按财产用途使用的财产，并按自己的意愿处分这些财产。

第一百七十九条 国有企业财产的处分

国有企业只有在征得财产所有人的同意，才有权转让或以其他方式处分划拨给其的财产。

国有企业独立销售其所生产的产品，但法律有不同规定的除外。

国有企业收入的分配办法由其财产所有权人决定。

第一百八十条 机构财产的处分

机构无权转让或以其他方式处分划拨给其的财产和用其预算拨款购买的财产。

如果根据机构设立文件有权开展创收活动，从该活动获得的收入和由该收入购买的财产由该机构独立处分，并在单独的资产负债表中记录。

第一百八十一条 经营权和业务管理权的取得和终止

对于由所有人决定划拨给单一制企业或机构的财产经营权或业务管理权自财产转让之时起产生，法律或所有人的决定另有规定的除外。

拥有经营或业务管理的财产使用产生的孳息、产品和收入，以及单一制企业或机构根据合同或其他理由获得的财产，为取得所有权按照本法典、其他法律规定的程序进入企业或机构的经营或业务管理。

财产的经营权和业务管理权依照财产所有权人的决议和其他法律规定的终止所有权的程序终止。

第十五章 所有权的取得和终止

第一百八十二条 所有权取得的根据

所有权取得的根据是，劳动活动，企业和其他经济活动使用财产包括创造、增值，根据交易获得财产，国家财产私有化，继承，取得时效，以及其他不违反法律的根据。

第一百八十三条　财产的创造和增加

所有权的产生可以是所有者创造新的财产和增加财产。

经营和其他使用财产的成果，包括产品、水果和其他收入属于财产所有人，法律或合同另有规定的除外。

第一百八十四条　根据交易获得财产

可以依照合同买卖、互易、赠与和其他法律允许的交易获得财产所有权。

在财产转让给新的所有人时，原所有人的权利和义务按照普通继承程序转让给他。

第一百八十五条　依照合同取得物的人的所有权产生的时间

除非法律或合同另有规定，依照合同取得物的所有权，自物交付之时起产生。

如果财产转让应进行国家登记或公证，则取得人的所有权自登记或公证之时起产生。而在合同公证证明和国家登记必要时，从其登记时产生

第一百八十六条　物的交付

交付是指将物交给买受人，以及交给承运人送交买受人，或将无义务送达转让的物交给邮递组织送交买受人。

物自买受人或其指定的人实际占有之时起即视为已交付给买受人。

如果在签订物的转让合同时，物已经处在买受人的占有之中，则物自合同签订时被视为已经交付。

提单或其他所有权单据的交付等同于物的交付。

第一百八十七条　取得时效

非财产所有人，但善意、公开和持续地作为自己所有占有不动产十五年或其他财产五年的，取得该财产所有权（取得时效）。

应进行国家登记的不动产和其他财产所有权，因取得时效获得该财产的人自该登记之时起产生。

在因取得时效取得财产所有权之前，以自己所有的意思占有财产的人有

权保护自己的占有对抗不是财产所有人的第三人，以及因法律或者合同规定的其他理由无权占有财产的人。

援引取得时效的人可以将其继承人占有该财产的全部时间加在自己占有时间上。

根据本法典第二百二十八条、第二百二十九条、第二百三十条和第二百三十二条的规定，对于拥有物的人要求物取得时效期限从其占有开始，不得早于有关要求的诉讼时效期限。

第一百八十八条 土地所有权

公民和法人的土地所有权是在法律规定的情况和条件下产生的。

第一百八十九条 可公开收集的物品的所有权

法律可以确定公民通过采集或以其他许可方式获得野生水果、坚果、蘑菇、浆果和其他植物、动物和非生物资源的公共客体所有权的程序和条件。

第一百九十条 历史和文化古迹的管理不善

如果所有人对属于其历史文化古迹管理不善和不能保证其完整性，则应警告所有人停止对古迹的不善管理。

如果所有人没有完成这一要求，法院可以根据有关机关的诉讼请求判决没收变为国家所有的古迹。根据协议规定的金额补偿被没收的历史文化古迹的价值给所有人，如有争议，则由法院判决。

在紧急情况下，没收历史文化古迹的诉讼可以不经事先警告提起。

第一百九十一条 无主财产

没有所有权人或所有权人不明的财产是无主财产。

如果拾得物、无人照看的动物和埋藏物的规则没有排除这个，无主动产物的所有权可以因取得时效获得。

无主不动产物由不动产国家登记机关根据有关国家机关或公民自治机构的申请进行登记。

自无主不动产登记之日起满三年，授权管理国家财产的机构或公民自治机构可向法院提出请求，要求确认该物为国家财产或公民自治机构财产。

无主不动产物，按照法院判决未被确认成为国家财产的，可以由保留它的所有人重新占有、使用和处分或因取得时效获得所有权。

无主物的查明和登记程序由乌兹别克斯坦共和国政府确定。

第一百九十二条　拾得物

遗失物的拾得人有义务及时通知失主或物的所有人或者其所知悉的其他任何有权获得的人，并将遗失物返还给该人。

如果物品是在建筑物或交通工具上拾得，则应交给代表该建筑物或交通工具占有人的人。收到拾得物的人即取得拾得人的权利和承担拾得人的义务。

如果有权要求返还拾得物的人不明或其下落不明，则物的拾得人必须向民警机关、相关国家机关或公民自治机关报告拾得物的情况。

拾得人有权自己保管拾得物或将拾得物交给民警机关、相关国家机关或自治机关或它们指定的人保管。

第一百九十三条　拾得物所有权的取得

如果在向民警机关或相关国家机关报告拾得物之时起六个月内有权受领该物的人还未确定，或者他自己不向民警机关、相关国家机关或公民自治机关申明其对拾得物的权利，则物的捡拾人即取得拾得物的所有权。

如果物的捡拾人拒绝将拾得物归自己所有，则拾得物应收归国家所有。

第一百九十四条　补偿与拾得物有关的费用和给拾得人的报酬

在物转移为国家所有或公民自治机关所有的情况下，拾得人和有权领取返还物的人有权从该人、有关国家机关或公民自治机关获得与物的保管、交付或变卖有关的必要费用的补偿，以及支付发现有权领取物的人的费用。

物的拾得人有权要求有权获得物的人支付拾得物的价值20%的报酬。

如果拾得的文件或其他物品仅对有权获得它们的人有价值，根据与该人达成的协议确定报酬数额，如果未达成协议，则由法院确定报酬数额。如果有权要求返还拾得物的人公开承诺拾得物报酬，则根据公开承诺奖励的条件支付报酬。

如果拾得人没有申报拾得物或试图隐瞒的，则不产生获得报酬的权利。

第一百九十五条　无人照管的动物

抓获无人照管的或走失的牲畜或其他无人照管的家养或驯服的动物，应将它们返还给失主，如果失主不明或失主的所在地不明，则应在抓获动物之时起三日内向民警机关、相关国家机关或公民自治机关报告所发现的动物的情况，这些机关应采取措施寻找动物的失主。

在寻找动物所有人时，动物可以由抓获动物的人保管和使用，或者交给有必要条件的其他人保管和使用。应抓获无人看管动物的人的请求，警察或有关国家机关或公民自治机关应寻找有必要条件的人保管并将动物移交给他。

抓获无人看管的动物的人和被移交给照料和使用无人看管的动物的人有义务对其进行照料，并在有过失的情况下在动物价值范围内对动物的死亡和损害负责。

第一百九十六条　埋藏物

埋藏物，即埋藏在地下或以其他方式隐藏起来的，其所有权人不能确定或其所有权人依法丧失其权利的金钱或贵重物品，应归埋藏该物的财产（土地、建筑物等）的所有权人与发现埋藏物的人平分，但他们之间的协议有不同规定的除外。

在未经隐藏埋藏物的地块或其他财产所有人的同意而进行挖掘或寻找贵重物品的人发现埋藏物时，埋藏物应当移交给发现埋藏物地块或其他财产的所有人。

在发现埋藏物含有与历史或文化古迹有关的物情况下，这些物应当移交国家所有。同时，隐藏埋藏物的土地或其他财产的所有人和发现埋藏物的人一起有权获得埋藏物价值50%的报酬。报酬在这些人之间平等分配，如果他们之间的协议没有规定。

在未经隐藏埋藏物的财产所有人同意而挖掘或寻找贵重物品的人发现该埋藏物时，则不向其支付报酬和全部归所有人。

本条规则不适用于进行发掘和寻找珍贵物品为其劳动职责和职务职责的人。

第一百九十七条　所有权终止的根据

所有权通过所有人自愿履行义务，所有人单方面决定财产命运，根据法院判决没收（赎回）财产，以及终止所有权的法令。

第一百九十八条　财产消灭和注销

在不与法律相抵触的情况下，允许因财产消灭（清算）终止所有权。

财产所有权人不得破坏具有历史或文化价值的财产。在特殊情况下，根据法院的决定，该财产可以被没收，或者如果财产被毁，可以追索其价值。

因财产从法人资产负债表上注销，所有权终止按照法律或成立文件规定的程序和条件办理。

第一百九十九条　没收所有者财产

只有在按照法律规定的条件和程序以及在国有化、征用和没收的情况下才可以根据所有者的义务从所有者处没收财产。

如果该人的财产是依法不属于他的财产，则该财产的所有权将由法院判决终止，并向该人赔偿所没收财产的价值。

第二百条　追索法定的债务

在法律规定的情况下，允许追索法定的债务，包括支付预算款项的债务。

如果对追索债务的决定有不同意见，所有权人有权诉诸法院。

第二百零一条　贵金属和宝石所有权获得和终止的特征

由法律确定原始形式和加工后的贵金属和宝石的（珠宝和其他家用产品除外）所有权的获得和终止的特征。

第二百零二条　国有化

国有化是指依法将公民和法人所有财产的所有权有偿转让为国家所有。

除非法律法规另有规定，在上述财产被去除国有化性质时，原所有人有权要求归还该财产。

第二百零三条　征用

如果发生自然灾害、事故、人畜传染病和其他具有非常性质的情况时，为了社会利益，根据国家机关的决定和依照法律规定的程序和条件，可以向财产所有权人收缴财产，并向他给付财产的价值（征用）。

由于征用发生的行为终止，被征用财产的原所有人有权要求返还保留财产。

第二百零四条 没收

在法律规定的情况下，根据法院对犯罪或其他违法行为的裁决，可以无偿没收财产所有人的财产（没收）。

第二百零五条 没收时确定财产的价值和损害赔偿的权利

除非法律另有规定，被没收财产的价值由评估组织在所有权终止时确定。

向所有人补偿没收财产价值的评估可以向法院提出异议。

所有权人还有权要求赔偿因没收财产而造成的其他损失。

第二百零六条 不直接对所有权人财产没收的所有权的终止

只有按照法律规定的程序，才允许因国家机关的决定终止所有权，而不是直接旨在从所有人处没收财产，包括没收属于所有人的房屋、其他建筑物、设施或种植物所在的土地的决定，向所有人提供同等所有权财产和赔偿因终止所有权而造成的其他损失或全部损失。

评估机构应按照规定程序确定被没收土地上的房屋、其他建筑物、设施或种植物市场价值以及土地权。同时，没收财产和土地权的市场价值在私人所有权终止时由评估机构在该财产被没收前不久，或被没收的通知影响了被没收财产和土地权的市场价值之时确定。

在事先按市场价值全额赔偿损失之前，不得拆除被没收土地上的房屋、其他建筑物、设施或种植物。

在所有人不同意时导致所有权终止的决定，在法院解决争议之前不得执行。在解决争议时，赔偿所有人损失的所有问题一并判决。

第十六章 个人所有权

第二百零七条 个人所有权

个人所有权是一个人依法占有、使用和处分其获得的财产的权利。

私有财产的数量和价值不受限制。

第二百零八条　个人所有权的主体

个人所有权的主体是公民、商业伙伴关系和社会、合作社、公共协会、公共基金和其他非国家法人。

第二百零九条　个人所有权的对象

除法律禁止的某些类型的财产外，任何财产均可为私有财产。

第二百一十条　住宅所有权的建立程序（公寓）

按照规定程序在分配的土地上新建住宅的所有权自国家登记之日起产生。

未经地方权力机关许可，由一人或数人建造的住宅在建筑完成和登记之前不能转让给他人。

国有住宅（公寓）所有权，按照法律规定的私有化程序产生。

合作住宅、公寓、车库、别墅和其他建筑的所有权由合作成员全额缴纳共同出资后生效。

第二百一十一条　多套住宅房屋中住宅和非住宅所有人的共有财产

公寓楼中住宅和非住宅所有人拥有共同财产按份所有权，包括公寓的公共空间、承重和防护结构、公寓间楼梯、楼梯、电梯、电梯和其他矿井、走廊、技术楼层、地下室、阁楼和屋顶，位于外部或者房屋内部和未一个以上房屋服务的室内工程网络和通信、机械、电气、卫生和其他设备和装置。

住宅和非住宅所有人在公寓楼中共有财产所有权份额的大小和所有人之间分摊维护和保护该财产费用的程序根据住宅法确定。

公寓楼共有财产按份所有人无权转让自己的份额，为公民或法人的利益放弃该份额，以及从事将该份额与属于其住宅和非住宅所有权分开转让的其他行为。

第二百一十二条　违章建筑及其后果

违章建筑是指按照法律规定的程序在未分配的土地上，以及未经必要许可或严重违反建筑和建筑规范与条例建造的住宅、其他建筑、设施或其他不动产。

违章建筑人不得获得该建筑的所有权。他无权处分建筑物——出售、赠与、出租或其他行为。

根据权利受到侵犯的人或有关国家机关的诉讼请求，违章建筑应根据法院判决由建筑人拆除或承担费用，本条第四款和第五款规定的情况除外。

违章建筑所有权可以由法律确认为在不属于其土地上建造房屋的人，条件是该土地按照规定程序提供给该人建造建筑。

违章建筑所有权可以由法院确认为拥有建筑土地终身继承占有、永久占有和使用人所有。在这种情况下，被确认拥有建筑物所有权人应按法院确定的数额向建筑人补偿建筑费用。

如果保留建筑会侵犯其他人的权利和受法律保护的利益，或危及公民的生命和健康，则不得承认上述人对违章建筑的所有权。

第十七章　公共财产权

第二百一十三条　公共财产的概念

公共财产是国家财产，由共和国财产和行政区域实体财产（市政财产）组成。

乌兹别克斯坦共和国的财产关系，包括公共财产，均受本法典以及乌兹别克斯坦共和国法律调整。

第二百一十四条　共和国财产

共和国财产包括土地、矿藏、水、领空、动植物群和其他自然资源、共和国国家权力和行政机构的财产、具有国家意义的历史文化价值的物品、共和国预算资金、黄金储备、货币基金和其他国家资金，也可能是企业和其他财产的综合体，教育、科学、研究机构和组织、由国家预算或其他资金或财产建立取得的智力活动成果。

共和国拥有的财产由乌兹别克斯坦共和国最高会议、乌兹别克斯坦共和国总统、乌兹别克斯坦共和国政府或其授权机关处分，法律另有规定的除外。

共和国财产的经营或业务管理权可以分配给法人。

共和国财产由税收和向共和国预算缴纳的其他强制性款项，以及根据法律规定理由的其他收入创建。

共和国财产可以按照法律规定的程序和条件转让为私有财产。

第二百一十五条　市政财产

市政财产包括地方政府机构的财产、地方预算资金、市政住房基金和公用事业、企业和其他财产综合体、公共教育机构、文化机构、卫生机构以及其他财产。

除非法律另有规定，市政当局拥有的财产由地方政府机构或其授权机构管理。

市政财产的经营或业务管理权可以分配给法人。

市政财产是通过地方的税收和其他强制性款项，以及根据法律规定的其他收入创造的。

市政财产可以按照法律规定的程序和条件转让为私有财产。

第十八章　共有财产权

第二百一十六条　共有财产的概念和共有发生的依据

两个或两个以上的人所拥有的财产共有权属于他们。

财产可以共同拥有，每个所有人在所有权中份额可以确定（按份共有）或未确定（共同共有）。

除法律许可财产共有外，共有财产是按份共有。

在两个或两个以上的人拥有财产时，未改变其用途（不可分物）或因法律不应分割的财产共有权。

对可分割财产的共有仅在法律或者合同规定的情况下产生。

根据共有人协议，如果不能达成协议，根据法院判决确定这些人对共同财产的按份所有。

第二百一十七条　按份共有权中份额的确定

如果按份共有人的份额不能依照法律确定，而且共有人的协议也未作出规定，则视为等额共有。

所有按份所有人的协议可以规定确定和变更其份额的程序，独立于每个人对共同财产的形成和增加贡献。

按份所有人按照共同财产使用程序自费对该财产进行不可分割的改良的，有权在共同财产权中相应增加其份额。

共同财产的单独改良，除按份共有人的协议另有规定外，应归进行改良的共有人所有。

第二百一十八条　按份共有财产的处分

按份共有财产的处分，依照全体按份共有人的协议进行。

按份共有人有权按照自己的意志出售、赠与、遗嘱处分、抵押自己的份额或进行其他形式的处分，但在进行有偿转让时，必须遵守本法典第二百二十四条规定的规则。

第二百一十九条　按份共有财产的占有和使用

按份共有财产的占有和使用，依照全体按份共有人的协议进行，而在他们达不成协议的情况下，则按照法院决定的办法进行。

按份共有人有权按其份额比例占有和使用共同财产的一部分，如果不可能时，有权要求占有和使用属于其份额财产的其他共有人给予相应的赔偿。

第二百二十条　使用按份共有财产所得天然孳息、产品和法定孳息

按份共有财产适用所得孳息、产品和收入按份共有财产的使用所得的孳息、产品和收入组成共同财产。孳息、产品和收入的随后分配按其份额比例在按份共有人之间进行，他们之间另有协议的除外。

第二百二十一条　按份共有财产的维护费用

每个按份共有人有义务按其份额比例分担共同财产的税款、费用和其他款项，以及维护和保护共同财产的成本，法律或合同另有规定的除外。

不必要的和未经其余人同意由所有人中的一人产生的费用由其自己承担。由此产生的争议应通过司法程序解决。

由此引起的争议根据诉讼程序解决。

第二百二十二条　共有财产份额依照合同移转给取得人的时间

按份共有权的份额自合同订立之时起转让给合同买受人，当事人的协议另有规定的除外。

根据应进行国家登记或公证的合同转让按份共有权份额的时间，根据本法典第一百八十五条第二款的规定确定。

第二百二十三条　按份共有财产的分割和份额的分出

按份共有的财产，可以根据共有人的协议在共有人之间进行分割。

按份共有财产的共有人有权要求从共有财产中分出自己的份额。

按份共有人就分割共同财产或分出某个共有人份额的方式和条件达不成协议时，按份共有人有权通过诉讼程序要求从共有财产中以实物分出自己的份额。

如果法律不允许以分出实物份额，或者如果分出实物份额不可能不对共有财产造成不相称的损害，则被分出的所有人有权要求其他按份共有人向其支付其份额的价值。

根据本条分出给按份共有人的实物财产与其在共有权中的份额不相称的，应通过支付相应的金额或其他补偿消除。

经其同意允许由其余所有人支付给按份共有人赔偿金代替以实物分出其份额。在所有人的份额很小，不能实际分配，并且在使用共同财产中没有重大利益的情况下，法院可以在该所有人未同意时责令其余按份共有人向其支付赔偿金。

根据本条获得赔偿金的所有人丧失共同财产中份额权。

第二百二十四条　优先购买权

在向他人出售共有财产份额时，按份共有财产的其他共有人有按出售价格和其他同等条件优先购买所售份额的权利，但公开拍卖的情况除外。

共有财产份额的卖方，必须将向他人出售其份额的意图以书面形式通知其余按份共有人，并说明出售的价格和其他条件。

对不动产所有权份额的出售自通知之日起一个月内，而动产所有权份额的出售，自通知之日起十日内，如果其余按份共有人放弃优先购买权或未购买所出售的份额，则卖方有权将自己的份额出售给任何人。

在违反优先购买权出售份额时，其他所有人在三个月内有权按照司法程序要求将买受人的权利和义务转让给他们。

份额的优先购买权不得让与。

在由国家机关或其他法人出售属于国家优先权的住宅楼（公寓）共有权中的份额时，作为居住在住宅（公寓）相关部分的承租人，根据本条在放弃或不行使该权利时，则属于其他所有人。

本条的规则也适用于依照互易合同转让份额的情况。

第二百二十五条　共同共有财产的占有、使用和处分

如果共同共有人之间的协议没有其他规定，则对共有财产进行共同占有和共同使用。

无论哪位共有人提出财产处分行为，共同共有财产的处分按照全体共有人同意进行。

共同财产的每一个共有人有权进行共同财产的处分行为，所有共有人的协议另有规定除外。共同财产共有人中的一人进行的与共同财产处分有关的行为，只有在可以证明行为的另一方当事人知道或应当知道实施行为的共有人没有必要的权限时，根据其他共有人请求可以被确认无效。

本条规则适用于除本法典或其他法律对某些共同财产另有规定的情况。

第二百二十六条　共同共有财产的分割和份额的分出

共同共有人之间分割共有财产，以及从共有财产中分出一个共有人的份额，可在事先确定共有财产权中每一共有人的份额之后进行。

在分割共有财产和从中分出份额时，如果法律或共有人的协议未有不同规定，则认为所有共有人的份额均等。

分割共有财产和从中分出份额的根据和程序依照本法典第二百二十三条的规则确定，对某些种类的共同共有由其他法律规定。

第二百二十七条　对共有财产中份额的追偿

按份共有人和共同共有人的其他财产不足时，其债权人有权要求分出债务人在共有财产中的份额以对它进行追偿。

如果在这种情况下不可能以实物分出，或者其余按份共有人或其余共同共有人持反对意见，则债权人有权要求债务人按与该份额的价值相当的市场价向其余共有人出售其份额，并用出售该份额所得的资金清偿债务。

如果其余共有人拒绝购买债务人的份额，债权人有权向法院提出请求，通过公开拍卖债务人在共有财产中的份额而对该份额进行追偿。

第十九章　所有权及其他物权的保护

第二百二十八条　追索他人非法占有的财产

所有权人有权要求返还其被他人非法占有的财产（返还请求权）。

第二百二十九条　向善意买受人追索财产

如果财产是从无权处分财产的人那里有偿获得的，而买受人不知道，也不应该知道（善意的买受人），只有在财产所有人或财产所有人转让给占有的人丢失财产或是从一个或另一个人那里盗窃的，或通过除自己意志的其他方式脱离其占有的财产的情况下，所有人才有权向买受人追索财产。

如果财产已按照执行法院判决的程序出售，则不得以本条第 1 款所述理由追索财产。

如果财产是从无处分权人处无偿购买的，所有人有权在所有情况下追索财产。

金钱不能向善意购买人追索。

第二百三十条　在追索他人非法占有财产时收入和支出的补偿

根据本法典第二百二十八条的规定，在主张财产时，财产所有权人有权要求知道或应该知道其占有为非法的人（恶意占有人）返还或者赔偿该人在整个占有期间获得的或应该获得的全部收益。

向善意占有人追索从他知道或应当知道非法占有的时间或从他得到所有人追索财产的请求之时起，其所获得或应当获得的所有收入。

无论是善意还是恶意占有人都有权要求所有人偿还从财产所得应支付给

所有人的时间起对财产所支付的必要费用。

善意占有人有权保留他所做的改进，如果它们可以分割而不会损坏物。如果该分割不可能，善意占有人权要求补偿所发生的改进费用，但不得超过物的价值的增加。

第二百三十一条　保护所有人的权利免受与剥夺占有无关的侵害

所有人可以要求排除其权利的任何侵害，尽管这些侵害与剥夺占有无关（不适格诉讼）。

第二百三十二条　保护非所有人的占有人权

本法典第二百二十八条至第二百三十一条规定的权利属于一个人，尽管他不是所有人，但属于终身继承占有、经营、业务管理权或根据法律或合同规定的其他理由占有财产的人。该人有权保护其占有对抗所有人在终止所有权的法律通过的情况下，国家赔偿因通过该法律而对所有人造成的损失，包括财产价值。损害赔偿纠纷由法院判决。

第二百三十三条　依法终止所有权的后果

当法律决定终止某所有权时，所有权人造成的损失，包括财产的价值，应由国家赔偿。关于赔偿损失的争议，由法院解决。

第五部分 《土库曼斯坦民法典》物权法编

（王静　张雯捷译　邓社民　张源洁　校对）

《土库曼斯坦民法典》物权法部分是1998年7月17日经土库曼斯坦国民议会（294－Ⅰ）通过，1999年3月1日生效，其中第二编第四章“公共登记簿”到2000年1月1日才生效。2010年至2019年先后修改了2次。此文本根据2019年3月2日修改的文本翻译而成。

目　录

第二编　物权（财产权）

第一分编　财产权

第二章　占有

第三章　所有权

第一节　所有权的内容

第二节　相邻权

第三节　所有权的取得与终止

第四章　公寓所有权

第五章　使用他人财产的限制

第一节　建筑权

第二节　用益物权

第三节　地役权

第六章　担保物权

第一节 质押
第二节 抵押

第二编 物权（财产权）

第一分编 财 产 权

第一百六十六条 定义

财产是不被法律禁止或不违反道德规范的，自然人和法人可以占有、使用和处分的不受限制取得的任何物及非物质利益。

法律应明文规定禁止流通或限制流通的财产种类。

第一百六十七条 不动产和动产

1. 物包括不动产和动产。

2. 不动产包括土地、地下地块、单独的水设施和与土地紧密相连的任何东西，即其移动不可能对其用途没有相称的损害的情况的物体，包括森林、多年种植物、建筑物、设施。

3. 不属于不动产的物，包括金钱和有价证券，视为动产。

第一百六十八条 不可分物

不可分物是指由于分割其部分丧失了原物的性质和用途。

第一百六十九条 结合物

如果不同种类的物形成一个使能够按照其本质确定的共同用途的联合整体使用，则它们被视为一个物（复合物）。

关于复合物的行为效力适用于其所有组成部分，合同另有规定的除外。

第一百七十条 主物和从物

事先规定为另一（主要）物服务并与其有共同目的（从属关系）的物，遵循主物的命运，合同另有规定的除外。

第一百七十一条 特定物和种类物

1. 根据其固有的特征从其他物中分离出来的物被视为特定物。特定物是不可替代的。

2. 具有同一类物所固有的特征并由数量、重量和度量决定的物是种类物（种属物）。种类物是可替代的。

第一百七十二条 孳息

1. 物的孳息为该物产生的收入、增长和利益。

2. 权利的孳息是行使该权利所取得的收入和收益。

3. 物和权利的孳息是该物和权利通过法律关系保障的收入和优势。

4. 物或权利的权能是根据其期限和范围提供获得该物或权利孳息机会。

5. 如果有义务返还孳息的人可以要求补偿与该孳息有关的费用，如果这些费用是正常经营的成果和不超过孳息的价值。

第一百七十三条 从权利和有限权利

1. 从权利是与其他权利相关的，没有它就不能存在的权利。

2. 有限权利是从该有限权利所担保的更广泛的权利中衍生而来的权利。

第一百七十四条 对智力活动成果的保护

按照本法典和其他法律规定的程序，承认自然人或法人的智力活动成果的专有权（知识产权）和与智力成果同等的法人、产品、完成工作或服务（商号、商标、服务标志等）个性化方式。

作为专有权客体的智力活动成果和个性化方式的使用只有征得持有人同意可以由第三人实施。

第一百七十五条 非物质利益

1. 非物质利益是指可以转让给他人，或旨在使其所有人受益或使其所有人享有向他人要求任何东西的要求和权利。

2. 生命和健康、人的尊严、人身安全、荣誉和良好声誉、商业声誉、隐私权、个人和家庭秘密、自由迁徙权、选择居所和住所地的权利、姓名权、著作权、其他个人非财产权利和其他非物质利益，属于自然人与生俱来的或依法拥有的，不可剥夺和不得以其他方式转让。在法律规定的程序和情况下，属于死者的个人非财产权利和其他非物质利益可以由其他人行使和保护，包括权利持有人的继承人。

第二章 占 有

第一百七十六条 占有的取得

1. 占有是通过对物的现实支配而取得的。

2. 实际占有物，但为了他人利益，并从该人处获得占有人权能的人不被视为占有人。只有享有权能的人被视为占有人。

3. 作为用益人、抵押人、承租人、出租人、保管人或根据其他类似法律关系（直接占有）占有物的人，由于此法律关系他有权或者对于他人有义务临时占有确定的物，那后者就是占有人（间接占有）。

4. 数人共同占有一物的，被认为是共同占有人。

5. 数人占有物的部分，被认为是按份占有人。

第一百七十七条 占有的终止

1. 占有人永久转让该物品或以其他方式失去对该物的实际占有，则占有终止。

2. 对物行使权力的暂时障碍不会终止占有。

第一百七十八条 继承

占有可以通过继承移转。

第一百七十九条 所有权的推定

1. 动产的占有人被推定为物的所有人。物的原所有权人以丢失、被盗或以其他方式失去占有权的，不适用前项规定，但物为现金和无记名证券的除外。

2. 对于原占有人，其在占有该物期间应当被认为是物的所有人。

第一百八十条 善意占有人

善意占有人是指合法占有该物的人，或者是基于商事关系进行必要仔细审核的基础上被确认为占有人的人。

第一百八十一条　善意占有人对非法占有物的返还请求权

善意占有人被剥夺占有权的，可以在三年内请求新占有人返还该物。如果新占有人享有优先占有权，则不适用该规定。对于有优先权的人，如果通过胁迫或欺诈获得物的，适用占有返还请求权。

第一百八十二条　善意占有人消除非法妨害请求权

善意占有人未被剥夺占有物，但被以其他方式妨碍其占有，作为所有人，可以要求排除妨碍，还可以请求赔偿对侵犯占有权所造成的损害。这项赔偿规则同样适用于不能请求排除妨碍的情况。

第一百八十三条　合法占有

1. 不得向合法占有人请求返还物。在合法占有期间物或权利所生孳息视为其所有物。

2. 该规则关系到直接和间接占有关系。

第一百八十四条　善意占有人的义务

1. 无权占有物或丧失了占有权的善意占有人有义务将物归还给权利人。在权利人没有使用其权利之前，物和权利的孳息属于占有人。

2. 善意占有人可以要求权利人偿还在善意拥有期间对该物所做的改善和支出，以及由该物的使用费和获得的孳息所无法补偿的其他金额。

应当扣除因善意占有人过失而未收取的孳息的价值。

改善使物的价值提升，如果在归还该物时价值仍然存在，同样适用该规则。

3. 请求未获满足前，善意占有人有权拒绝返还占有物。

第一百八十五条　恶意占有人的义务

恶意占有人应当将物，获得利益，物和权利的孳息返还给权利人。

占有人有义务赔偿因其过失而没有获到的孳息。只有在费用归还时引起权利人致富的情况下，他才可以要求赔偿物引起的支出和改进费用。对恶意占有人的其他要求保持不变。

第一百八十六条 因时效取得动产的所有权

1. 如果一个人持续五年内作为自己的财产占有该动产的，他将获得该动产的所有权（取得时效）。

2. 取得人恶意占有该动产或事后得知该动产不属于自己，则不得取得该动产的所有权。

第一百八十七条 物的不间断占有

如果一个人在某一时间段的开始和结束时占有物，则应当认为该人作为所有人在所有指定期间占有物。

第一百八十八条 因时效取得不动产的所有权

如果一个人作为土地或其他不动产所有人登记在公共登记簿上，而他没有获得土地或其他不动产的所有权，如果登记已经存在了15年，并且他作为所有人占有它们的，他就取得所有权。

第一百八十九条 因所有人请求而终止占有

所有权人向占有人提出合理请求的，则占有即告终止。

第一百九十条 物的优先取得权

根据法律规定，占有和使用该物超过十年的占有人享有优先取得该物的权利。

第三章 所 有 权

第一节 所有权的内容

第一百九十一条 定义

1. 如果没有侵犯邻居或其他第三人的权利或者这种行为不是滥用权利，所有人在法律或合同规定的限制范围内可以自由占有和使用财产（物），不允许他人占有、处分该财产。

2. 滥用权利被认为是行使所有权造成他人损害，同时没有明确确定所有人的利益优先权和其行为的必要性没有证实。

3. 使用权包括个人自己使用和不使用其物的能力。如果不使用该物或没有维护物损害公共利益的，则法律可规定使用或维护的义务。在这种情况下，所有人可以有义务自己履行这些义务，或为相应报酬将该物转让给他人使用。

第一百九十二条　对物的重要组成部分的所有权

对物的所有权及于该物的重要组成部分。

第一百九十三条　非法占有物和排除妨害的请求

1. 所有权人可请求占有人返还所有物，但占有人有权占有该物的除外。

2. 如果所有权受到其他方式的侵犯，除没收或剥夺物外，所有人可以要求侵权人排除侵权行为。如果侵权行为再次发生，所有人可以向法院提起诉讼，要求停止这种行为。

第一百九十四条　共有

1. 共有是基于法律规定或法律行为产生的。每个共有人均可就共有财产向第三人提出请求。仅在为了全体共有人利益时，某一共有人才有权请求或获得共有物。

2. 共有物可以抵押或在法律关系中以其他方式和为每个共有人的利益抵押。

3. 共有物的维护和保养费用应由共有人平均承担，法律或合同另有规定的除外。

4. 每个共有人都对共有物的份额享有优先购买权。

第二节　相　邻　权

第一百九十五条　概念

邻近土地或其他不动产的所有权人，除法律规定的权利和义务外，应相互尊重。任何可能产生影响的土地或其他不动产均被视为相邻的。

第一百九十六条　允许的相邻影响

1. 地块或其他不动产所有人不得禁止来自相邻地块的气体、蒸汽、气味、油烟、烟雾、噪音、热量、振动或类似的影响对其地块的影响，如果这些影响不妨碍所有人使用自己的地块或轻微侵犯了其权利。

2. 在影响存在的情况下同样的规则有效，但影响是其他地块的日常使用引起的和不能以被视为此类使用人正常经营活动的措施制止。如果所有权人有义务忍受这种影响，当影响超过当地公认的正常使用和经济上可接受的限度时，可要求产生影响的地块的所有人给予适当的货币补偿。

第一百九十七条 不被允许的侵害

所有人可以要求禁止建造或这样的建筑物运营，对此从一开始就表明不允许它们侵犯其地块。如果建筑物是按照法律规定的距离建造的，只有在存在不允许的侵害时，才可要求拆除。

第一百九十八条 消除危险请求权

1. 如果相邻地块建筑倒塌威胁土地，所有人可以要求邻居采取预防危险的必要措施。

2. 不允许改变流向数个地块的废水和地下水的方向或对其进行操纵，从而导致其他地块的水量和水质下降。

3. 不允许干扰河流的自然流向。

第一百九十九条 树上掉落的果实

从邻地上的树木或灌木丛掉落的果实被视为该邻地的果实。如果邻地为公共用途，则不适用该规则。

第二百条 来自邻地的树根和树枝

土地所有人可以剪除并自己保留从相邻土地渗入的树木或灌木的根。同样的规则也适用于来自相邻土地上垂下的树木和灌木分支。

第二百零一条 越界建筑

1. 如果土地所有人在施工时没有故意或重大过失从其一方盖了相邻土地的一部分，则邻居应当允许这样的越界，他在越界之前或之后立即表示反对的情况除外。

2. 在这种情况下，应向邻居支付金钱赔偿。指定的付款应每年提前一年预付。

第二百零二条 通行于他人占有物

1. 如果土地被剥夺了与公共道路、电力、天然气和供水网络的联系，所有人可以要求邻居们允许使用他们的土地来建立必要的联系。应当向通过必要联系的邻居支付现金补偿，根据双方协议，可以一次性付款形式支付。

2. 如果与土地的现有联系被所有人的独断独行排除，则不产生许可通行的义务。

第二百零三条　界标的设置

1. 土地所有人可以要求相邻土地所有人参与设置永久性的分界界标，或参与修复已经存在但已被抹去或毁坏的界标。

2. 划界的费用在邻人之间平均分摊，除非它们之间的法律关系另有规定。

第二百零四条　地界争议

1. 如果由于争议而无法确定真正的边界，邻居的实际占有是确定的边界界。如果无法确定实际占有，则应将争议面积的相等部分并入每一块土地。

2. 如果根据这些规则边界的划分导致与事实不符的结果的，特别是不符合土地规定面积的，根据当事人一方的申请由法院确定边界。

第二百零五条　边界构筑物的共同使用

1. 两块土地被栅栏或其他构筑物作为边界分隔开的，则应认为该土地的所有权人有权共同使用该构筑物，但有任何外部标准表明该构筑物属于相邻人其中一个的除外。

2. 相邻两地有权共同使用边界构筑物的，则每个相邻人都可以以不妨碍其他相邻人共同使用的方式使用这一设施。对该构筑物的保养和维护费用由相邻各方平均分担。只要其中一个相邻人对该构筑物的存续有利益，未经其同意，就不能拆除或变更该构筑物。

第三节　所有权的取得与终止

§1. 不动产所有权的取得与终止

第二百零六条　不动产所有权取得的程序

1. 取得不动产需要经过公证程序的证明文件，并在公共登记处登记购买者。转让人和买受人均可申请登记。

2. 证明文件应明确载明取得不动产的原因。一方当事人由代理人代理的，则必须在文件中明确注明其代理权限。

第二百零七条 所有权的放弃

为了放弃所有权或其他权利，必须有授权人声明其放弃该权利，并在公共登记处登记该声明。声明必须交给登记处。此后，放弃权利的声明具有约束力。

第二百零八条 取得人利益的保护

为了买受人的利益，如果处分人在公共登记处进行了登记，则处分人被视为所有人，买受人知道处分人不是所有人的除外。

§2. 动产所有权的取得与终止

第二百零九条 所有权的移转

1. 为转让动产的所有权，所有权人须根据有效权利将物权转让给取得人，以履行双方之间达成的转让合意。取得人已占有该物的，那么仅需一项所有权转让协议即可。

2. 如果所有权人占有物，则物的实际转让可以由所有人和买受人关于由买受人间接占有物的协议取代。

3. 所有人授予买受人的权利要求第三方占有的被视为所有权的转让。

第二百一十条 从无权处分人处的善意取得

即使物不属于让与人，但在该事实关系中买受人是善意的，由于转让买受人成为所有权人。如果买受人知道或应该知道物不属于让与人，则买受人不被视为善意。善意的事实必须在物转让之前存在。

第二百一十一条 丧失的物

1. 物是从所有权人处被盗、遗失或以其他方式丢失的，则取得人不能取得所有权。

如果所有人只是物的间接占有人，以及物被遗失给占有人，则同样有效。

2. 这些规定不适用于金钱或者无记名有价证券，以及不适用于通过公开拍卖处分的物。

第二百一十二条　所有权保留

动产的出卖人同意在支付购买价款之前保留其所有权的，则应认为所有权是在全额支付购买价的延缓条件下转让的，且出卖人有权在买受人延迟支付价款时解除合同。

第二百一十三条　无主动产所有权的取得

1. 如果原所有人为了放弃所有权而终止占有物，则动产被视为是无主的。

2. 如果法律不禁止物的占有或者占有不侵犯有权获得该物的人的权利，占有无主动产的人取得对该动产的所有权。

第二百一十四条　拾得物

1. 拾得人必须立即通知丢失物的人或者所有人，或者有权获得物的其他人。

2. 如果拾得人不知道有权获得物的任何人或不知道他们的住址，则必须立即向警方或其他地方机关报告拾得物和可能对发现有权获得物的人有意义的情况。

3. 拾得人有义务保管拾得物。在通知有关机关拾得物之时起届满一年后，拾得人将获得该物的所有权，除在这一期限届满前，他知道有权获得物或此后向有关机关申请自己权利的人情况外。随着所有权的获得，对该物的所有其他权利终止。

4. 拾得人可以向有权获得物的人请求不超过拾得物价值的百分之五的报酬。此外，拾得人有权要求有权获得物的人或有关机关补偿该物的维护费用。

5. 如果拾得人放弃所有权，有关机关可以在一年后将物品公开拍卖并获得利益，如果物的价值不大，则无偿处分或销毁。

6. 易腐物品或其保管费用过高的物品应当由拾得人公开拍卖。出售物所得的金钱代替物本身。

第二百一十五条　埋藏物

如果长期被隐藏的物无法查明其所有者（埋藏物），而发现它的人占有该物，那么该物的所有权将由发现物的人和隐藏埋藏物财产的所有人平分。

第二百一十六条　与土地的附合

动产附合于土地并成为该土地的重要组成部分的，则土地所有权及于该动产。

第二百一十七条　与动产的附合

1. 如果动产彼此结合成一个物的重要组成部分，原所有人成为共同所有人；他们的份额根据物在合并时的价值比例确定。

2. 其中一物被视为主物的，其所有人也取得该物的从物的所有权。

第二百一十八条　材料加工成果的所有权

如果通过加工或改造材料制造出新的动产，材料的生产者和所有人将成为新物的共同所有者。

份额应按材料价值成本和生产费用的比例确定，协议另有规定的除外。

第二百一十九条　所有权移转时权利的消灭

依本法典第二百一十六条至第二百一十八条规定移转物的所有权的，该在特定物上存在的所有其他权利消灭。

第二百二十条　对丧失权利后果的损害补偿

1. 在本法典第二百一十六条至第二百一十八条规定的情形下丧失权利的人，或其权利因其他情形遭受侵害的人，可向权利变更的受益人请求金钱补偿，不得提出恢复原状的请求。

2. 新所有权人根据有偿合同从第三人处取得物的，不适用本条第一款规定。

第四章　公寓所有权

§1. 一般规定

第二百二十一条　定义

1. 在住宅楼中，应确认住宅所有权（对住宅的所有权）和不用作住宅的建筑物部分的所有权（对非住宅空间的所有权）。

2. 应确认住宅所有权和非住宅所有权为专有所有权。

3. 土地、建筑物部分、构筑物或设备不是专有权，是住宅所有人的共同所有权。共同所有权份额大小根据房屋（住宅）数量确定。

4. 专有权只能存在于隔离的住宅或建筑物的其他隔离部分。如果在长期标记期间由于使用清楚地划定了车库的界限，则认为车库是隔离的。

第二百二十二条　取得住宅的优先权

1. 居住三年以上的承租人有购买住宅的优先权。他们向最后一个所有人申请行使该权利。

2. 如果一个人获得了买受人不按租约居住的出租住宅，那他将取代出租人。

第二百二十三条　取得住宅专有所有权的根据

1. 要获得和终止住宅专有所有权必须进行法律行为，并在公共登记处登记。

2. 相应的法律行为应予公证。

第二百二十四条　专有所有权的客体

1. 专有所有权的客体是根据本法典第二百二十一条第二款确定的面积，以及该面积的组成部分，这些组成部分可以重新设计、分离或添加，从而不会不合理地侵犯任何其他住宅的共有权或所有权，根据专有权建筑物的外观不会被改变。

2. 保障建筑物坚固性和安全性的部分，作为所有人共同使用的设备和装置在处于专有权区域的情况下，不能成为专有所有权的客体。

3. 根据业主之间的协议，被列入建筑物的那部分是专有所有权的客体。

第二百二十五条　共有部分的确定

1. 业主在共有财产中的份额由其专有权中面积与专有所有权中的总面积的比例确定。据估计，附属设施和建筑物（地下室和其他）占总面积的三分之一。

2. 在所有人合伙清算的情况下，业主的份额根据本条第 1 款确定。

第二百二十六条 不允许不考虑共有财产中的相应份额转让专有所有权

1. 不允许不考虑共有权中相应份额转让、抵押或以其他方式负担专有所有权。

2. 共有财产中的份额权利也适用于相关专有所有权。

第二百二十七条 住宅所有权在公共登记簿上登记

1. 在公共登记簿的单独页填写每个住宅所有权。

2. 由建筑局认证的反映建筑物设计以及建筑物共有财产部分的位置和大小的建设证明应当粘贴到土地证上的住宅所有权登记材料中。属于同一公寓的单独区域在公共编号下标注。

§2. 住宅业主的相互关系

第二百二十八条 公共登记簿上约定的登记

1. 住宅业主之间的相互关系由本法典确定。

2. 除本法典规定外，调整业主之间关系的协议，以及此类协议的修改或撤销，只有在这些协议在公共登记册上登记时，才对第三方有效。

3. 根据本法典或按照双方协议，必须获得多数票才能作出的决定，在通过后对未参加投票或投票反对该决定的业主有效。

第二百二十九条 住宅业主组成的合伙

1. 专有所有人整体构成不是法人的业主协会。

2. 所有人无权要求撤销住宅所有人协会。只有当建筑物全部或部分倒塌时，才允许这样的要求。

第二百三十条 住宅业主的权利

1. 业主可以按自己的意愿使用其所拥有的建筑物的一部分，并排除其他人对其施加任何影响，这样的行为不违反法律或第三人的权利除外。

2. 根据本法典第二百三十一条和第二百三十二条每一个业主有权使用共有财产。每个所有人对共有财产的另外使用应当根据本法典第二百二十五条的规则分配适当的份额。

3. 本条第 1 款和第 2 款规定的问题由《业主协会条例》详细调整，根据本法第236条第4款第a项，条例由业主协会主席提交，并经业主大会批准。

第二百三十一条　住宅业主的义务

1. 各住宅业主均负有下列义务：

（1）维护和使用其专有权的建筑物部分，以免违反所有人的共同居住规则，并导致损害发生；

（2）确保其位于建筑物内在企业工作的人或他将其专有或共有的土地或建筑物部分转让给其使用的人遵守（1）项规定的义务；

（3）允许影响处于专有权建筑物部分和共有权，只要这种影响符合（1）和（2）项规定的条件；

（4）在必要时，允许有职权的人进入位于专有权的建筑物部分和使用它，以使共有财产得到适当的维护和修缮；由此造成的损害应予赔偿；

（5）允许为建立通信和供应网络所需的措施。这些措施的受益人有义务赔偿由此造成的损害。

2. 建筑物已被损毁过半，且损害不能以保险或其他方式获得补偿的，不得请求对建筑物进行重建。在此情形下，住宅业主的合伙应进行清算。

第二百三十二条　共有权的使用

1. 每个业主都可以根据其份额使用共有财产。

2. 每个业主，不论其住宅在建筑物内的位置，都有义务在其他所有人之前根据其份额承担共有财产的费用，特别是房屋的维护、维修、管理和共有财产的共同使用费用。

3. 未投票支持与房屋维护和维修无关的措施的所有人不承担赔偿此类措施产生的费用的责任。由此他无权从这些措施中获得利益。

4. 共有部分份额应依本法典第二百二十五条确定。

第二百三十三条　住宅业主合伙清算时共有份额的确定

在协会清算的情况下，共有财产占有人的份额根据清算时其住宅价值确定。如果共有权份额的价值因业主不支持的措施而发生变化，则在评估该份额的价值时不考虑这种变化。

第二百三十四条 开除出住宅业主合伙

1. 如果业主在其他所有人之前严重违反了自己的义务，以致无法继续与他们合伙，其他所有人可以要求他转让住宅。

2. 出现下列情形之一的，可提出上述请求：

（1）尽管经书面警告，住宅业主仍粗暴地违反本法典第二百三十一条规定的义务；

（2）业主延迟支付本法第二百三十二条规定的金额超过三个月和所欠总额超过其全部住宅价值的3%，尽管银行可以通过其住房作为担保提供贷款。

3. 本条第一款规定的要求，由三分之二多数有权投票的人作出决定。

§3. 管理

第二百三十五条 业主委员会管理机关

共有部分应依照本法典第二百三十六条至第二百四十条的规定由住宅业主以及依照本法典第二百四十一条至第二百四十三条的规定由业主委员会管理。设立顾问机构的，应依本法典第二百四十四条进行管理。

第二百三十六条 共有部分的管理

1. 共有部分由住宅业主共同管理，但本法典另有规定或住宅业主之间另有约定的除外。

2. 每个业主都有权在未经其他所有人同意采取防止直接威胁共有权损害的必要措施。该所有人有权要求赔偿其所发生的费用。

3. 每个业主可以要求符合达成的协议和作出的决定进行管理，如果没有协议和决定，则符合业主的共同利益进行管理。

4. 符合业主共同利益的适当管理包括：

（1）通过住宅业主合伙章程和内部规章；

（2）共有财产的适当维护和日常修缮，如果这个对于保障适合居住的建筑物是必须的；

（3）共有财产的适当保险；

（4）适当地为建筑物维修筹集资金；

（5）批准经营计划；

（6）为了业主的利益实施建立通信和供应链网络的所有必要措施。

第二百三十七条　住宅业主的权限

住宅业主应共同解决如下事项：

（1）编制经济与财政计划；

（2）建筑物的全部或部分修复；

（3）通过章程和内部规章；

（4）任命和罢免住宅业主合伙的负责人；

（5）听取上述负责人的报告；

（6）确定建筑物维护费用的数额。

第二百三十八条　住宅业主会议

1. 住宅业主应在所有人会议上作出决议。

2. 为使决议有效，在召集会议时须宣布决议事项。

3. 住宅业主均以书面方式表示同意决议的，决议也可不经开会获得通过。

第二百三十九条　住宅业主会议的召集

1. 住宅业主会议应由合伙负责人至少每年召集一次。

2. 当四分之一以上的住宅业主要求时，合伙负责人也应召集会议。合伙负责人不在或违反职责拒绝召集会议的，会议也可由住宅业主之一召集。

3. 无紧急情况时，会议可在作出需要召集会议的书面声明后一周内召集。

4. 如果大会没有作出其他决定，主席主持大会。

5. 大会作出的决定应反映在大会主席或审计委员会主席起草的大会记录中。每个业主都有权查看记录。

第二百四十条　通过决议大会的权限

1. 在作出决定时，每个业主都有一票表决权。如果一个住宅有多个所有人，他们只能共同行使一个表决权。

2. 如果有表决权的半数以上业主出席会议时，会议有权作出决定。

3. 如果根据本条第二款大会无权作出决定，主席可以按当天的同样顺序召集新的大会。该会议无论出席人数多少都有权作出决定，这一点必须在会议召集时声明。

4. 在决定涉及该业主共同财产管理的行为或其他业主的纠纷，或者住宅转让义务委托所有人的情况下，业主无表决权。

5. 决议应依简单多数票通过，但本法典或住宅业主合伙章程另有规定的除外。

第二百四十一条　住宅业主协会主席的权利与义务

1. 住宅业主协会主席应当承担下列义务：

（1）实施住宅所有权人协会的决定，确保遵守内部规则；

（2）采取必要措施，妥善维护和修理共同财产；

（3）在紧急情况下，采取其他必要措施，确保维护共同财产；

（4）使用公款。

2. 主席有权代表所有的住宅业主实施下列行为：

（1）要求、收取和支付生产支出、债务和抵押利息的抵偿金额，如果这个涉及业主的公共事务；

（2）实施结算、履行债务和其他与日常管理公共财产有关的金钱行为；

（3）如果涉及住房业主利益，实施法律行为并提供必要的合同；

（4）如果住宅业主授权其出庭，其可以在法庭或其他机构出庭。

3. 主席应将住宅业主的财产与自己的财产分开。处置这些资金应由其中一个住宅业主或第三人同意。

4. 在必要时，主席应根据住宅业主签发的授权书行事，该授权书应规定其代表权的范围。

第二百四十二条　资金管理计划

1. 住宅业主协会主席应在每年年初之前编制资金管理计划。

2. 资金计划应包含：

（1）在管理公共财产时的预期收入和支出；

（2）住宅业主根据其所占份额承担的义务；

（3）住宅业主应根据本法典第二百三十六条第四款第四项的规定，为适当维修该建筑物而筹集资金。

3. 每一个住宅业主都有权自己或通过第三人进行适当的维护和维修。在这种情况下，主席应考虑这项工作，对其进行评估并提出财务计划。住宅业主应以其劳动量相应减少其费用缴款。

4. 根据主席的要求，房主必须为规定的财务计划支付一定的预付款。在支付困难的情况下，主席可以适当地使用银行贷款。

5. 批准经营计划的决定使主席有权获得贷款。

6. 主席必须在一年结束时提交财务报告。

7. 住宅业主可在任何时候要求主席报告已完成的工作。

第二百四十三条　修理住宅义务

1. 每一个住宅业主都必须向其他业主支付共同财产的维护费、日常维修费、管理费和其他费用。

2. 本条第一款规定的费用应按每一住宅业主所占份额的价值计算。

3. 如果没有规定为建筑物的适当维修筹集资金，主席可要求在办理建筑物维修申请手续之前预先支付这笔款项。

第二百四十四条　咨询委员会

1. 住宅业主可依简单多数决定成立咨询委员会。

咨询委员会由一名主席和两名成员组成。

2. 咨询委员会应协助主席执行任务。

3. 财务和经营计划、经营计划的执行结果、报告、预算在业主会议审议之前，咨询委员会应当审查并作出相应结论。

4. 咨询委员会应由主席酌情召开。

第五章 使用他人财产的限制

第一节 建 筑 权

第二百四十五条 概念

1. 土地可转让给他人，使被转让人受益，被转让人获得转让和继承土地表面或表面下建造建筑物的权利。（建设用地使用权）

2. 建筑权可以延伸到使用不需要建筑的地块的一部分，如果它为建筑的使用提供了优势。

3. 建筑权可以有一定的期限，也可以是无限期的，但不得取消期限加以限制。

第二百四十六条 不动产时效取得规则的适用性

1. 不动产获得规则适用于与建筑权的产生和获得有关的关系。

2. 根据建筑权建造的建筑物是建筑权的基本组成部分。

第二百四十七条 转让建筑权

如果转让或出租建筑权需要所有人同意，则只有在有充分理由时，他可以拒绝同意。

第二百四十八条 建筑权的租金

1. 根据合同，建筑权持有人有义务以定期付款的方式支付建筑权费用。土地所有者的这一权利与土地所有权是不可分割的。

2. 建筑权只能在两年内未付款的情况下单方面终止。在其他其他情况下终止建筑权必须建筑权持有人同意。

3. 除非经济状况另有变化，双方可每隔十年确定一次建筑权的费用。这一费用必须根据经济条件确定。

第二百四十九条 建筑权登记

建筑权应作为他物权第一顺位的权利在公共登记簿上登记。这一顺序不得更改。

第二百五十条　建筑权的消灭

在土地上建造的建筑物不因被毁坏而终止建筑权。

第二百五十一条　建筑权消灭的补偿

1. 在建筑权终止的情况下，地块所有人应当向建筑权持有人提供在地块上建造的建筑物的适当补偿。低于建筑物价值三分之二的数额不视为适当补偿。

2. 土地所有人可以给建筑权持有人延长建筑物存续预期期限代替支付补偿该权利。如果建筑权人拒绝延长期限，其也将丧失要求补偿的权利。

3. 建筑权持有人无权在建筑权终止时转移建筑或其组成部分。

第二百五十二条　赔偿权登记

1. 在建筑权终止时产生的赔偿权代替公共登记簿里的建筑权位置，并按同样的顺序取代它。

2. 如果建筑权在期限届满时仍有抵押权，抵押权人有权要求赔偿。

第二百五十三条　建筑权消灭下的法定继受

在建筑权终止时土地所有人成为建筑权持有人签订的租赁合同的当事人。

第二节　用 益 物 权

第二百五十四条　概念

物或权利可以转让给另一人使用，以便被转让人作为所有人有权使用该物或权利和不允许第三方使用，但与所有人是差别是他无权抵押、转让或按照继承转交该物（用益权）。为了抵押或出租该物或权利，必须征得所有人的同意。用益权取消后，所有人成为现有租赁关系的参与人。

第二百五十五条　用益权设立的法律调整

用益权既可以设立在动产不动产上，也可以设立在非物质财产上。在设立用益权时，适用在购买动产和不动产以及非物质财产时相同的规则。

第二百五十六条　用益物权的种类

1. 使用权可以是有偿的或无偿的。

2. 用益权可以是临时的或终身的。自然人死亡或法人清算用益权终止。

第二百五十七条 用益物权物的状态

1. 用益权人和所有人在物转让前可以按照用益权确定被转让物的状态。

2. 在集合物上设立用益权时，用益权人和所有人在制作物的清单时必须互相协助。清单应当注明制作日期和双方的签名；每一方当事人都可以要求官方的签字证明。要求制作清单或签字证明的一方当事人支付费用。

第二百五十八条 用益权的权利和义务

1. 用益权人有权占有物。

2. 在行使其权利时，用益权人有义务保留物的原有经济用途和根据妥善管理的规则占有该物。

3. 用益权人无权改造物或对其进行实质性改变。

4. 如果因特殊情况确有必要，用益权人取得财产权和违反妥善管理规则或过度取得果实。在这种情况下，他有义务赔偿所有人因这种使用导致物造成的损害。

5. 用益人应当根据物的经济用途爱护物。用益权人不承担物的正常磨损的变化和恶化的责任。只有在保持物的正常状态所必需的范围内，他才有义务改进和修理物。

6. 如果保险符合妥善管理，用益权人有义务自费为整个用益权期间的物投保。保险的履行方式应当是对于保险人的索赔权授予所有人。如果物已经投保，用益权人应当在整个用益权期间支付保险费，因为他有义务投保。

7. 如果物被销毁或损坏，或者发现有必要进行紧急工程来改善和修理物，或者采取措施保护物免受不可预见的危险，用益权人必须立即通知所有人。在第三人要求对物的权利情况下，则该义务也适用于用益权。

8. 如果用益权人对其没有义务使用的物品支付了费用，则所有人的赔偿责任应根据无因管理的规定确定。用益权人有权取消他装修物的设备。

9. 如果土地与库存品共同是用益权的对象，用益权人可以在适当的管理范围内处置单个库存品。他应当赔偿正常损失，以及更换根据适当管理退出的库存品；他购买的物品自加入库存品之时起成为库存品所有人的财产。

第二百五十九条　用益物权的消灭

1. 用益权人有义务在用益权到期时将物返还给所有人。

2. 如果用益权与物的财产权重合为一个人的，用益权终止。

第三节　地　役　权

第二百六十条　概念

1. 土地可以为另一土地（占支配地位的土地）所有人的利益担保，以便后者在特定情况下有权使用别人的土地，或者在别人的土地上不得实施特定行为，或者排除对需役地担保的土地所有权产生的权利行使。

2. 当事人可以约定以按时付费的方法缴纳补偿金。

第二百六十一条　地役权的状态

1. 地役权只是在使用土地时给有全权的人优先担保。地役权的内容不得超出上述规则规定的范围。

2. 在行使地役权时，地役权人应该维护所有权人的利益。

第二百六十二条　地役权中建筑物的维护

如果为了行使地役权要求在供役地上有一些设施，则可以确定该土地的所有人必须维护该设施，因为有全权人的利益要求这样做。如果共同使用权属于所有人，则可以确定有权的人应当维护该设施，因为这是所有人行使使用权所必需的。

第二百六十三条　需役地的分割

在有权人土地分割的情况下，地役权对单独部分仍然有效；但是在有疑问时，地役权的行使对供役地所有人没有变成更大负担才允许。如果地役权只提供一部分优先权，则其余部分的地役权终止。

第二百六十四条　供役地的分割

如果地役权的行使限于供役地某些部分，在供役地分割的情况下地役权行使不及的那部分脱离地役权。

第二百六十五条　保护地役权免受侵害

在地役权侵犯的情况下善意占有权授予有全权的人。

第二百六十六条 有限人役权

1. 不动产可以由本法典第二百六十条规定的地役权条件为特定人的利益担保。这样的担保可以是房屋所有人腾出供居住的建筑物或者建筑物部分使用权授予有全权的人（有限人役权）。

2. 有限人役权不得转让，只有在允许的情况下，地役权的行使才能转让给另一人。

第六章 担 保 物 权

第一节 质 押

第二百六十七条 概念

1. 允许为担保债权设立质押的动产和非物质利益转让给他人，债权人（质押人）有权要求以物的价值清偿。

2. 如果在质押产生时可以确定，质押权可以对将来或有条件的债权设立。

第二百六十八条 动产和有价证券质押程序

1. 动产和必要时可转让证券以及其他无形财产的转让，应按照购置其规定的程序进行。如果由于财产有第三人索赔，则在质押权产生时有义务将物的质押通知第三人。

2. 出质人和质权人可通过公证程序质押。在这种情况下，质押自登记在公共登记簿时成立，不需要转移物，也不需要告知其他债权人质押事宜。登记簿中应列明质权人、可能存在的第三人债务人、出质人的身份、所担保的债权和金额，以及日期。

第二百六十九条 提前履行

如果债权被质押和债务人在质押到期前履行了义务，则履行代替债权。

第二百七十条 诚信质权人的权利

如果质押物是通过文件转移给他人的，并且出质人在质押产生时占有该物品（权利），他无权转让它们作为质押，质权人如果不知道或不可能知道这个的被视为善意买受人，质权人的这种善意相比第三人更具优势。

第二百七十一条　质押的范围

质押担保债权和与债权有关的其他附带权利。

第二百七十二条　取得债务人的权利

如果出质人同时不是质押担保债权的个人债务人，他可以向质权人提出个人债务人的异议权。

第二百七十三条　债权清偿顺位

如果债权由债务人和第三人的财产同时担保的，第三人可以要求债权人在使用其财产之前首先以债务人的财产清偿其债权。

第二百七十四条　质押财产价值

质押延伸到质押物的财产价值。

第二百七十五条　移转占有的质押

1. 质押以移转占有担保的，质权人有维护质物的义务。质权人有权收取质物的孳息来抵消被担保的债权。质权人可请求出质人赔偿所发生的必要费用。

2. 如果质权人未能适当履行其义务，出质人可以要求将物品转让给第三方。

3. 如果质押物有灭失或价值降低的危险，出质人可以要求归还该物，并向质权人提供另一种债权担保方式。质权人有义务立即通知出质人质押物灭失或者其价值降低的危险，并为其指定提供其他担保方式的期限。

如果质押人在该期限内未提供其他担保方式，质权人有权出售该物品。出售时适用质押物销售规则。

出售所得金额将取代质押物。在质押期限届满前，这笔金额与相应附加费保留。

第二百七十六条　登记质权时出质人的义务

1. 如果质押权登记，出质人有义务保管质押物并妥善维护它。他仍然有权从该物获益。

2. 如果可以假定出质人不能履行自己的义务，质权人可以要求将物品移转给他。如果案件涉及已登记的质押权，质权人有权通知第三人的债务人。从通知之时起，债务人有义务履行质权人到期的债权。

第二百七十七条　转让质权

为了质押物的后续质押质权人必须事先征得出质人的同意。

第二百七十八条　对质物实施法律行为

对质物实施法律行为，应征得质权人的同意。

第二百七十九条　重复质押

同一个物可以多次质押。根据质押时间确定顺序。

第二百八十条　质权人权利的保护

阻碍质权人行使权利的，质权人可以对阻碍者行使与所有权人相同的权利。

第二百八十一条　转移质权给新的债权人

1. 随着债权转移给第三人，质权也转移给新的债权人。

2. 法律地位由于质押物处分恶化的每个第三人有权履行债权和享有质权。

3. 相应债权未转让的，质押物不得转让给他人。

第二百八十二条　质押的消灭

质押与质押担保的债权同时终止。

第二百八十三条　通过放弃质押而终止质押

1. 当质押人向质押人或物主宣布放弃质押标的时，质押终止。

2. 质押以占有权转让为担保的，质押在质押人收回占有权时终止。

第二百八十四条　因质物移归质权人所有导致质押消灭

如果质押与所有权是一个人时质押终止。该规则不适用以债权质押担保的第三人权利。

第二百八十五条　质押消灭时质权人的义务

如果质押终止，质权人有义务加快将持有的物归还出质人或所有人。

第二百八十六条　质权人债权的清偿

1. 质权人债权的清偿是通过出售质押物或该物的其他相应方式实现。

2. 如果金钱债权的全部或部分履行期限届满，质权人有权变卖该物品。

第二百八十七条　所有权直接转让给质权人的协议无效

如果质权人的债权没有清偿或未及时清偿，质押物所有权转让给质权人的协议无效。

第二百八十八条　质物的出卖

质权人只有在必须清偿其债权时才有权出卖质物。

第二百八十九条　质物的多次出卖

如果物被多次质押，只有质权先于他人质权的质权人有权要求出售物。如果他拒绝行使该权利，则后续的质权人获得质押权。

第二百九十条　质押物转让给有销售权的人

1. 质物应移转给有权出卖质物的质权人。

2. 如果债权的实现取决于法律行为的实施，质权人可以要求出质人履行该行为。如果出质人未能在两周内履行质权人的债权，质权人有权以出质人的名义对第三人实施该行为。

第二百九十一条　出卖预告

质权人有义务通知所有人即将出售物，并说明出售可能获得的金额。在预告后两周内不能销售。

第二百九十二条　公开拍卖

1. 质押物销售通过公开拍卖进行。

2. 如果质物有交易和市场价值，质权人可以委托专门交易机构出售物。

第二百九十三条　不允许以低于材料价值的价格出售质物

质物不得以低于材料价值的价格转让。根据出质人的要求出售前专家确定该价格。

第二百九十四条　质物销售的其他规则

1. 所有人和质权人可以同意以不同于本章规定的其他程序出售物品。如果第三人对质物享有权利，因质物转让导致权利终止，转让必须该第三人同意。

2. 如果出售质物的不同程序符合当事人的利益，每个当事人可以要求按该程序出售质物。如果当事人未能达成协议，则由法院裁决。

第二百九十五条　参加质权人和所有人的拍卖

质权人和所有权人一起参加拍卖，所有权人的出价不用现金支付，可以拒绝。

第二百九十六条　现金出卖

只能在现金交易情况下出卖质物，买受人应立刻以现金支付价款，否则丧失权利。没有在现金交易情况下出卖质物的，价款应当视为被质权人受领，质权人对买受人的权利不受影响。

第二百九十七条　合法转让的后果

1. 随着质押物合法处分和转让，权利如从所有人处取得物一样转移给获得者。

2. 如果物作为质押物被处分，让与人没有质押权，或者没有必要出售清偿债权，善意的买受人仍然取得未担保的全部财产。

第二百九十八条　实现债权的方式

债权的实现方式是由债务人向债权人清偿。

第二百九十九条　出卖所得价款

在一定程度上质押物销售所得金额是质权人应得的清偿，所有人的债权被认为已履行。

第二节　抵　押

第三百条　概念

1. 不动产可以为人的利益设定债权担保，让该物获得自己债权的清偿。(抵押)

2. 如果在抵押设定时该债权可以确定，可以对未来或有条件的债权设定抵押。甚至可以确定不动产清偿的最高限额。该金额应确定并记入公共登记册。

3. 以抵押担保的债权可以被其他债权取代。为此必须有所有人和债权人（抵押权人）之间的协议，并在公共登记处登记该协议。

第三百零一条 共同抵押

如果为担保债权在多个物上设定抵押（共同抵押），则可以根据债权对每个物进行全额追偿。债权人可酌情以每个单独物要求全部或部分清偿。

第三百零二条 所有权人的抵押

如果设定抵押担保的债权未发生，债权终止或转让给不动产所有人，则抵押转让所有人。

第三百零三条 抵押登记

1. 抵押从在公共登记处登记时产生。登记根据不动产所有人和抵押权人提交的经公证的文件按规定程序进行。文件中应当载明不动产所有人、抵押权人、假定的债务人—第三人，以及担保的债权范围、利益和履行期限。

2. 抵押权可以这样方式设定，产生于抵押权的债权人权利由担保债权的内容确定，债权人不能以登记作为其债权的依据。该抵押权作为担保抵押权记入登记册。高额抵押可以成为担保。

第三百零四条 不动产的重复抵押

1. 同一不动产上可以设定多个抵押权。顺位依抵押设定的时间确定。

2. 如果不动产所有人对他人保证在抵押权与所有权合并时终止抵押权，则该义务可以在公共登记处登记。

第三百零五条 以抵押权担保的债权非本人债务的所有人权利

1. 如果不动产所有人同时不是抵押担保债务的个人债务人，他仍然可以向抵押权人提出只有个人债务人才享有的反诉权，特别是关于抵销金钱债务的反诉权以及与异议相关的请求。

2. 债权的履行期限取决于相互法律关系的终止，只有在所有人通知债权人或债权人通知所有权人此法律关系的终止时，该法律关系的终止才有效。

第三百零六条 所有权人对债权人的清偿权

1. 不动产所有人有权在到期日或个人债务人有权履行相应行为时有权清

偿债权人。

2. 如果所有人不是个人债务人，在所有人清偿债权人的情况下债权转让给所有人。

一旦清偿债权人，所有权人可以请求交付对更正公共登记簿或终止抵押必要的文件。

第三百零七条 不动产孳息作为抵押

1. 抵押权扩及不动产孳息，如果孳息不是正常经济活动取得或者尚未被处分。

2. 基于不动产抵押的效力，抵押财产担保范围应当包括债权利息及诉讼费用。

第三百零八条 维护不动产抵押物的义务

1. 所有人有义务维持物的实际价值。如果由于抵押权安全情况恶化而造成威胁，债权人可以给所有人规定适当的期限来预防该威胁。

2. 如果物已经投保，保险机构在情况恶化后，在损害发生的事实已经通知债权人时向被保险人支付保险费。如果债权人担心金额不会被用于修复物，则可以阻止付款。

3. 如果发现所有人不能履行其义务，债权人有权要求将物的管理转让给他。法院按照该请求作出裁决。

4. 因协议所有人承担不转让、不使用或者以其他方式不抵押不动产的协议无效。该行为对第三人的效力不能取决于债权人的同意。

第三百零九条 抵押权及其所担保的债权转让给他人

抵押权及其所担保的债权只能同时和共同转让给他人。当债权转移给新的债权人时，抵押权也转移。只有在经公证的抵押权文件被转让给新的债权人并作为新的债权人在公共登记处登记的情况下，债权的转让才被视为有效。

第三百一十条 债务人对新债权人的义务

向新债权人转让债权后，债务人继续向原债权人给付的，即使其对债权的转让并不知悉，该给付也不得免除其对新债权人的义务。

第三百一十一条　对公共登记处记录可信性的推定

在抵押权和债权转移给新债权人时，抵押权和债权转移给新的债权人同以前的债权人一样。根据债权人的利益，在公共登记处登记的资料被认为是正确的。在此情况下债务人不得声称不存在债权。如果新的债权人知道登记册中的记录不正确，则该规则不适用。

第三百一十二条　第三人的权利

1. 任何第三人因实现抵押权处境恶化，有权履行债权，从而将抵押权转让给自己。在清偿债权人时，他可以要求相应地经核证的文件并将自己登记为抵押权人。

2. 如果个人债务人清偿了债权人，抵押权将转移给他，他可以要求所有人补偿。

第三百一十三条　债权人抛弃债权或抵押

1. 如果债权人放弃债权或抵押权，抵押权人将成为所有人。在公共登记簿登记的放弃具有法律效力。

2. 如果债权人放弃抵押权，但没有放弃债权，如果其从抵押权中获得补偿，债务人仍然可以被免除债务。

3. 如果所有人享有排除延长抵押权使用权，其可以要求债权人放弃抵押权。

第三百一十四条　请求出卖抵押物

1. 如果债务人延迟清偿抵押权所担保的债权，抵押权人有权要求出卖不动产。

2. 出卖根据本章规定的规则和《民事诉讼法》的规定进行。本法典的规定作为特别规则适用。

第三百一十五条　强制出卖

1. 由法院根据债权人的申请以公开拍卖方式强制出卖；法院指定一名专家。

2. 法院的决定应公开宣布。此外，法院有义务向登记入册的被授权人通报等待公开拍卖的情况。

第三百一十六条　出卖不动产的其他方式

1. 法院可根据所有人和债权人的共同申请确定出卖的其他形式。在作出该决定之前，法院必须听取当事人的意见。

2. 不动产所有权因协议转让给债权人，如果债权人未得到清偿或未得到完全清偿的，协议无效。

第三百一十七条　出卖后债务人的权利

1. 在决定将物品公开拍卖后，债务人丧失保留物品孳息的权利。

2. 如果债务人本人或与家人居住在有抵押权的建筑物或建筑物的部分，债务人仍然是承租人并应当按照市场条件支付租金。

第三百一十八条　组织拍卖

1. 拍卖结果可能侵犯所有人或第三人权利的，有权通过清偿债权中止拍卖。

2. 如果有权人认为通过中止可以预防拍卖，如果根据所有人的个人和经济相互关系或根据债务性质中止拍卖可以接受，拍卖通过所有人向法院申请可以中止最长六个月。如果临时中止对债权人造成不合理的不良后果，则申请不应当满足。

第三百一十九条　债权人、债务人以及所有权人参与拍卖

债权人、债务人以及所有权人都有权参与拍卖，但债权人与债务人必须提供专家的许可。

第三百二十条　第二次拍卖

如果在第一次拍卖时未达到专家评估的物价值的百分之七十的报价，则拍卖必须重新进行。二次拍卖必须以与第一次拍卖相同的形式进行，并注明二次拍卖的事实。在二次拍卖时，最低价格至少应足以支付流程费用和债权人的债权。如果未达到上述要求拍卖视为未进行。拍卖费用由所有人承担。

第三百二十一条　因拍卖抵押物消灭抵押

1. 拍卖中抵押物的买受人有义务向执行强制履行的专家支付金额，相关的费用应从中扣除。

2. 只有在支付金钱后，买受人才能成为所有权人。

3. 由于所有权转移强制执行债权人在抵押后登记的所有抵押权和担保物的物权终止。所有其他限制物权保持不变。

4. 新所有权人成为所有权转移之前既存的租赁和使用关系的一方当事人。由于所有权转移给新所有权人，原所有权人成为需依市场行情支付租金的承租人。

第三百二十二条　出卖抵押物所得收入的分配

1. 有权出卖抵押物的人被登记为唯一抵押权人，如果公开拍卖所得价款在扣除费用后足够清偿所有权人的所有债务，专家应在说明费用情况后在债权人间分配所得价款。余额应移交给出卖物的所有权人。

2. 买卖价款不足以清偿抵押担保的所有债权的，专家应说明费用情况，将剩余的价款存入专门账户，依公共登记簿上记载的顺位编制分配方案并提交法院。法院应批准该方案并要求专家依此方案进行分配。

第三百二十三条　因不当拍卖国家的连带责任

如果官方任命的专家未能履行因拍卖承担的义务，则国家和专家应对当事人由此造成的损害负有连带责任。

第三百二十四条　物的强制管理

1. 根据被授权抵押权人的强制执行申请，法院可以实行强制管理物（扣押）代替拍卖物的强制处分。对该物品实行强制管理（扣押），而不是在拍卖中强制处置该物品。在这种情况下，法院指定一名管理人或将管理权移交给所有人。

2. 在作出裁决之前法院必须听取权利可能因强制管理被侵害在公共登记处登记人的陈述。

3. 只有在预计实施此管理收入将超过当前管理费用的情况下，才能设立强制管理。

4. 如果债务人本人或与其家人居住在被强制管理的建筑物或建筑物的部

分，债务人必须按市场条件支付住宅使用费。

5. 管理人收到物的孳息和根据其制定并经法院批准的计划，在年底扣除包括管理费用在内的所有费用后进行分配。

强制管理应当在债权人已受清偿或显然通过强制管理不能使债权人清偿的情况下终止。

第六部分　《乌克兰民法典》物权法编

（舒雅洁　译　邓社民　张源洁　校对）

《乌克兰民法典》物权法部分是 2003 年 1 月 16 日经乌克兰最高议会（435 – Ⅳ）通过，2004 年 1 月 1 日生效。2014 年至 2021 年先后修改了 14 次。此文本根据 2021 年 9 月 8 日修改的文本翻译而成。

目　录

第三部分　所有权及其他物权

第一编　所有权

第二十三章　所有权总则

第二十四章　所有权的取得

第二十五章　所有权的终止

第二十六章　共有所有权

第二十七章　土地所有权

第二十八章　房屋所有权

第二十九章　所有权保护

第二编　其他财产的物权

第三十章　其他财产物权的一般规定

第三十一章　占有他人财产的权利

第三十二章　使用他人财产的权利

第三十三章　农业用地使用权

第三十四章　使用他人土地进行建筑的权利

第三部分 所有权及其他物权

第一编 所 有 权

第二十三章 所有权总则

第三百一十六条 所有权的概念

1. 物权是指不依赖于他人意志依法按照自己的意志实现个人的物（财产）权。

2. 因法律或管理财产的合同产生的信托所有权是所有权的特殊类型。

第三百一十七条 所有权的内容

1. 占有、使用和处分自己财产的权利属于所有人。

2. 所有权的内容不受所有权人居住地和财产所在地的影响。

第三百一十八条 所有权的主体

1. 乌克兰人民和本法典第二条规定的其他民事关系的参加者是所有权主体。

2. 一切所有权的主体在法律面前一律平等。

第三百一十九条 所有权的实现

1. 所有权人根据自己的意志占有、使用、支配自己的财产。

2. 所有权人有权对属于他的财产实施不与法律相抵触的任何行为。

所有人在行使自己的权利和履行义务时，应当遵守社会道德准则。

3. 所有所有权人行使自己权利的受到同等保护。

4. 所有权仍然要承担相应义务。

5. 所有权人行使所有权不得损害公民的权利、自由和尊严，不得损害社会公共利益，不得破坏环境和土地的自然属性。

6. 国家不得妨害所有权人行使所有权。

7. 所有人的活动可以受到限制或终止，或者所有人只有按照法律规定情形和程序允许他人使用其财产。

8. 文化财产所有权的行使方式由法律规定。

第三百二十条　所有人使用自己的财产从事商业活动

1. 所有人有权使用自己的财产从事商业活动，法律另有规定的除外。

2. 法律可以为所有人使用自己的财产从事商业活动创造条件。

第三百二十一条　所有权的不可侵犯性

1. 所有权是不可侵犯的。任何人不得违法剥夺该权利或限制其行使。

2. 只有在法律规定的情况下和按照法律规定的程序，可以剥夺人的所有权或限制其行使。

3. 所有权客体的强制征用只有在按照法律规定的基础和程序，并在事先和全额赔偿其价值的条件下作为公共需要根据的例外可以适用，本法典第三百五十三条第二款规定的情况除外。

第三百二十二条　维护财产的责任

所有人有义务维护其财产，法律或合同另有规定的除外。

第三百二十三条　财产意外灭失或意外毁坏的风险

财产所有人承担财产义务灭失或损坏的风险，合同和法律另有规定的除外。

第三百二十四条　乌克兰人民的所有权（集体所有权）

1. 处于乌克兰境内的土地、地下、大气、水和其他自然资源，其大陆架和专属（海洋）经济区的自然资源是乌克兰人民所有权的客体。

2. 国家权力机关和地方自治机关在《乌克兰宪法》规定范围内代表乌克兰人民行使所有人权利。

3. 每个公民有权根据法律使用乌克兰人民所有权的自然客体。

第三百二十五条　私人财产所有权

1. 私人财产所有权的主体是自然人和法人。

2. 自然人和法人可以成为任何财产的所有权人，依法不得属于自然人和法人的个别种类的财产除外。

3. 自然人和法人所有的财产的组成、数量和价值不受限制。

法律可以限制自然人和法人所有的土地的范围。

第三百二十六条　国家所有权

1. 国家所有的财产包括属于乌克兰国家的资金。

2. 国家权力机关以乌克兰国家的名义，为了国家的利益行使所有权。

3. 国家所有的财产由国家机关管理，在法律规定的情况下，可以由其他主体管理。

第三百二十七条　公社所有权

1. 公社所有的财产包括属于领土内的村社的资金。

2. 公社所有的财产直接由领土内的村社和管理村社的地方自治机关管理。

第二十四章　所有权的取得

第三百二十八条　所有权取得的根据

1. 所有权根据法律未禁止的理由取得，特别根据法律行为取得。

2. 如果法律没有直接规定或法院没有认定所有权取得的非法性，所有权视为是合法取得的。

第三百二十九条　公法人所有权的取得

公法人可以对交给其所有的财产以及依据法律未禁止的理由取得财产的所有权。

第三百三十条　善意的买受人取得无权利人转让的财产所有权

如果财产是由无权利人转让的，善意买受人将获得财产所有权，如果根据本法典第三百八十八条不能向其索要财产。

第三百三十一条　取得重建财产和在建工程所有权

1. 新物的所有权由制造（创造）的个人取得，法律另有规定或合同另有约定的除外。

根据合同用自己的材料制造（创造）物的人是该物的所有人。

2. 新建的不动产（公寓楼、建筑物、构筑物等）的所有权，自建造（创造财产）完成时起发生。

如果合同或法律规定准许不动产开发，所有权自准许其开发之时起产生。

如果根据法律规定不动产所有权需要在国家登记处登记，则所有权自国家登记时产生。

3. 在完成建设（创造财产）之前，在该建设（创造财产）过程中使用材料、设备等的人视为所有人。

在必要情况下本部分第一段所述的人可以就在建工程签订合同，为了创设不动产客体、施工许可证，其所有权由国家登记机关根据证明土地所有权或使用的文件，以及包含在建工程客体清单的文件进行不动产权利登记。

第三百三十二条　加工物的所有权的取得

1. 加工是指用一个物（材料）创造出新的物。

2. 擅自加工他人的物的人，不能取得新物的所有权并且应当向材料的所有权人返还其价值。

3. 通过从不属于其材料中加工创造的动产所有权由材料所有人根据其意愿取得，合同或法律另有规定的除外。

4. 如果加工和创造的新物价值大大超过材料的价值，从事加工的人根据其意愿取得新物所有权。在此情况下加工人有义务赔偿材料所有人的精神损害。

5. 取得由材料制造的物所有权的材料所有人有义务补偿加工人的加工费，合同另有规定的除外。

第三百三十三条　公众可采集物的归属

采集浆果、药用植物、捕鱼或在森林、水体等取得其他物的人是其所有人，如果根据法律、当地习惯或有关土地所有人的许可其有效。

第三百三十四条 依照合同取得所有权的时间

1. 依照合同取得物的人的所有权自物交付时发生，法律另有规定或合同另有规定的除外。

财产的交付是指将财产交给买受人，以及交给承运人运送给买受人，或将未履行交货义务的财产邮递给买受人。

2. 提单或其他货物凭证的交付等同于物的交付。

3. 根据须经公证的合同财产所有权自买受人公证之时起或自法院认定未经公证的合同有效的决定生效之时起产生。

4. 应当进行根据登记的不动产所有权，根据法律从该登记之日其产生。

第三百三十五条 无主物的所有权的取得

1. 没有所有权人或者所有权人不明的物是无主物。

2. 无主不动产由不动产权利国家登记机构根据其所在地的地方自治机构的申请进行登记。在印刷媒体上刊登无主不动产登记的通知。

无主不动产登记之日起一年后，根据有关辖区社区有权管理财产的机关申请，按照法院判决其转为市政所有。

3. 无主动产可以根据取得时效取得，但是本法典第三百三十六条、第三百三十八条、第三百四十一条、第三百四十三条规定的情形除外。

第三百三十六条 所有权人放弃的动产的所有权的取得

取得所有权人放弃（本法典第三百四十七条）的动产的人自占有时起取得该物的所有权。

第三百三十七条 拾得物

1. 拾得遗失物的人，应当立即通知遗失人或该物的所有权人并且将拾得物返还。

在房屋或交通工具上拾得遗失物的人，应当将其交给代表该房屋或交通工具占有人的人。收到遗失物的人取得拾得遗失物的人的权利和义务。

2. 如果有权要求返还遗失物的人下落不明，拾得遗失物的人应当向国家警察局或地方自治机关报告有关遗失物的情况。

3. 拾得遗失物的人有权自己保管遗失物，或将其交由国家警察或地方政府保管，或将其交给他们指定的人保管。

易腐物或其保管费用高于其价值的物，可由拾得人出售并附有证明收入数额的书面证据。出售拾得物所得款项应返还有权要求归还的人。

4. 遗失物拾得人只有在其故意或重大过失的情况下，才应在其价值范围内对损毁、灭失或损坏负责。

第三百三十八条　拾得物所有权的取得

1. 在下列情况下，拾得遗失物的人，自其向国家警察局或地方自治机关报告有关拾得物的情况起六个月之后取得该物的所有权：

（1）所有人或者有权要求返还遗失物的其他人无法确定；

（2）所有权人或有权受领该遗失物的其他人未向拾得人、国家警察局或地方自治机关声明自己对该物的权利。

2. 如果遗失物拾得人向地方自治机构提交书面声明，放弃取得该物所有权的，该物转为辖区内社区所有。

3. 拾得交交通工具由国家警察保管，并在报刊上公布。

如果在公告发布之日起六个月内，车辆所有人或有权要求返还车辆的其他人未被发现或声称对车辆拥有权利，国家警察局有权出售车辆，并将收益存入银行的专门账户。如果前车辆占有人在三年内不要求将收益转让给他，则收益将转让给在其领土上发现车辆的辖区社区。遗失物拾得人与拾得物有关支出的报酬和赔偿的权利。

第三百三十九条　遗失物拾得人与拾得物有关支出的报酬和赔偿的权利

1. 遗失物拾得人有权要求归还物的人或取得物所有权的人补偿与拾得物有关的必要费用（保管、寻找所有人、出售物等）。

2. 遗失物拾得人有权要求其所有人（占有人）为拾得物支付最高为物的价值百分之二十的报酬。

3. 如果所有人（占有人）公开承诺了拾得物报酬，在公开承诺的条件下支付报酬。

4. 如果发现遗失物品的人没有申报发现物或试图隐藏物，则获得报酬的权利不发生。

第三百四十条　无人照管的家畜

1. 抓获无人照管的家畜的人，应当立即通知该物的所有权人并将其返还。如果无人照管的家畜的所有权人下落不明，抓获该动物的人应当在三日之内通知地方自治机关，该机关应当采取措施寻找所有权人。

2. 抓获无人照管的家畜的人在寻找所有权人期间可以将该动物留在其处饲养、使用或将其交给有能力饲养并按照兽医的规则照料该动物的第三人，或将其交给地方自治机关。

3. 仅仅在故意或重大过失的情况下，饲养无人照管的家畜的人应当在该物的价值的范围内对该物的死亡或损坏负责。

第三百四十一条　无人照管的家畜的所有权的取得

1. 如果自声明抓获无人照管的动物时起六个月内以及抓获其他家畜两个月内，未发现所有权人或其未声明对该物的权利，饲养和使用该动物的人取得所有权。

2. 在饲养和使用该无人照管的家畜的人拒绝取得该物所有权的情况下，该物归其被发现地的地方村社所有。

第三百四十二条　补偿饲养无人照管家畜的费用和报酬

1. 在将无人照管的家畜返还给所有权人的情况下，抓获动物的人或接受其转交的饲养和使用的人，有权要求补偿与饲养动物有关的支出，但应当扣减使用动物所得的收益。

2. 抓获无人照管的家畜的人有权根据本法典第三百三十九条获得报酬。

第三百四十三条　埋藏物所有权的取得

1. 埋藏物是指埋藏在地下或使用其他方法隐藏，所有权人不明或所有权人依法丧失其所有权的金钱、货币或其他贵重物品。

2. 发现埋藏物的人取得埋藏物的所有权。

如果埋藏物埋藏在第三人所有的财物中，发现埋藏物的人以及埋藏该物的财物的所有权人平分该所有权的份额。

3. 如果进行发掘或寻找贵重物品的人未经过埋藏该物的财物的所有权人同意，该财物的所有权人取得埋藏物的所有权。

4. 如果发现的埋藏物依法是具有文化价值的物品，由国家取得该物的所有权。

发现该埋藏物的人如果立即向国家警察局或地方自治机关报告有关埋藏物的情况并将其交给相应的国家机关或地方自治机关，则在发现时有权向国家要求获得数额为埋藏物价值的百分之二十以下的报酬。

如果具有文化价值的埋藏物在第三人所有的财物中发现，该第三人以及发现该埋藏物的人均有权获得数额为埋藏物价值的百分之二十以下的报酬。

5. 本条规定不适用于发掘和寻找该物是发现埋藏物的人劳动职责和合同义务的情况。

第三百四十四条　取得时效

1. 善意占有第三人财产的人，持续公开、不间断地占有不动产十年或占有动产五年，可以取得该财产的所有权（取得时效），本法典另有规定的除外。

依取得时效取得土地所有权由法律规定。

若根据法律不动产的所有权需登记，因取得时效而取得的所有权自进行国家登记之时产生。

2. 声明占有时效的人可以把其继承人（继承人）占有该财产的全部时间加在其占有时间上。

3. 如果根据与所有人签订的合同取得了财产的人，在合同期满时未要求归还财产，则他按照取得时效经过十五年取得不动产所有权，并从诉讼时效期限届满时起经过五年取得动产所有权。

在一年内返还财产或在该期限内提起其诉讼要求的情况下，财产所有人非自愿丧失财产并不中断取得时效。

4. 根据取得时效取得不动产、交通工具、有价证券的所有权根据法院的判决取得。

第三百四十五条 国有和公有财产私有化过程中取得所有权

1. 自然人或法人可以在国有财产和公有财产私有化过程中获得所有权。

2. 私有化按照法律规定的程序实施。

第二十五章 所有权的终止

第三百四十六条 所有权终止的依据

1. 在下列情况下，所有权终止：

（1）所有人转让自己的财产；

（2）所有权人放弃所有权；

（3）依法不属于该人的财产的所有权；

（4）财产的灭失；

（5）文化遗产古迹的回赎；

（6）由于社会需要依法强制征收土地及土地上的其他不动产客体；

（7）删除；

（8）按照所有人的义务追偿财产；

（9）征用；

（10）没收；

（11）法人终止或所有权人死亡。

2. 在其他法律规定的情况下所有权可以终止。

第三百四十七条 放弃所有权

1. 当事人可以通过声明或实施能够证明其放弃所有权的其他行为放弃财产的所有权。

2. 在放弃不应当进行国家登记的财产所有权时，财产所有权自证明放弃的行为发生之时起终止。

3. 在放弃应当进行国家登记的财产所有权时，财产所有权自所有人申请

去国家登记处进行相关登记之时起终止

第三百四十八条　不属于一个人的财产所有权终止

1. 如果一个人以法律不禁止的理由获得了财产所有权，而根据后来通过的法律，该财产不能归他所有，则财产所有人必须在法律规定的期限内转让该财产。

如果在法律规定的期限内财产没有被转让，根据有关国家权力机关的申请按照法院判决考虑财产的性质和用途应当强制出售该财产。在强制出售财产的情况下，应将收益减去转让费用的数额转让给原所有人。

如果财产未被出售，根据法院判决其转为国家所有。在此情况下，应当向原所有人支付法院判决的金额。

2. 如果一个人以法律不禁止的理由获得了财产所有权，而根据后来通过的法律，财产所有权取得需要特别许可，而在交付给该人时被拒绝，该财产应当按照本条第一部分规定的程序转让为了公共需要或根据公共需要强制转让土地、土地上的其他不动产、私人财产的回赎。

第三百四十九条　由于财产灭失所有权的终止

1. 在财产灭失的情况下财产的所有权终止。

2. 在财产灭失的情况下，需要进行国家登记的，该财产的所有权自所有权人申请进行变更登记时终止。

第三百五十条　为公共需要购买土地、占用土地的其他不动产、私有财产或出于公共需要强行征收

为了公共需要或根据公共需要强制转让土地、土地上的其他不动产、私人财产的回赎按照法律规定的程序实施。

第三百五十一条　由于公共需要回赎或由于根据公共需要强制转让土地上的不动产所有权的终止

1. 为了公共需要或根据法院判决在根据公共需要强制转让财产并事先全额赔偿其费用的情况下，经所有人同意在回赎土地的情况下，土地上的住宅、其他建筑物、设备、多年种植园所有权可以终止。

2. 所有权被终止的人有权要求在有关地方自治机关或行政机关管辖的领土内为其提供另一块土地，其价值在回赎价格确定时计算。

3. 如果因公共需要应当强制转让的土地的占有人是该土地上住宅、其他建筑物、设备、多年种植园的所有人，以公共需要为理由强制转让土地的要求视为与终止该客体所有权的要求。

4. 如果因公共需要应当强制转让的土地的占有人不是土地上住宅、其他建筑物、设备、多年种植园的所有人，将视为与每个所有人单独转让的问题。

5. 在法院以社会需要为由强制转让土地的判决生效之前，土地所有人有权按自己的意愿使用该土地上的住宅、其他建筑物、设备和多年种植园。

6. 土地占有人在为另一人利益转让土地时，有义务预先通知该人关于行政权力机关或地方自治机关关于土地、土地上其他不动产客体回赎的决定，为公共需要，并在十天内通知作出关于为了他人利益转让土地这样决定的机关。为了公共需要回赎土地的决定对土地的新所有人有效。

第三百五十二条　文化遗产的回赎

1. 如果由于文化遗产古迹所有人的作为或不作为，其险遭损害或灭失，有关文化遗产保护机关对古迹所有人进行适当的警告。

2. 如果文化遗产的所有权人对其保护不采取措施，尤其是无法创造必要的条件，法院根据相应的文化遗产保护机关的起诉作出回赎的决定。

3. 在必须立即采取保护文化遗产的措施的情况下，可以不预先通知而提起有关回赎的起诉。

4. 回赎的文化遗产归国家所有。

5. 文化遗产古迹回赎价格根据双方的协议确定，而在纠纷情况下由法院确定。

第三百五十三条　征用

1. 在发生自然灾害、事故、流行病、动物流行病和其他紧急情况时，出于公共需要，可以根据法律规定的理由和程序强制征用财产所有人的财产，但必须事先全额补偿财产价值（征用）。

2. 在战争条件或紧急状态下，财产可以从所有人处强制转让并全额赔偿其价。

3. 被征用的财产归国家所有或者灭失。

4. 根据补偿给原所有人被征用财产价值的估价，可以向法院提出申诉。

5. 在征用财产时，如果可能原所有人可以要求给其提供其他财产代替。

6. 如果紧急情况终止后被征用的财产仍然存在，财产所有人有权要求按照司法程序要求归还财产。

在财产归还时，恢复对该财产所有权的人，同时承诺扣除使用该财产的合理费用后返还因征用所得的金钱或物。

第三百五十四条　没收

1. 在法律规定的情况下，作为对实施犯罪的制裁，可以依照法院的判决剥夺财产所有权人的财产（没收）。

被没收的财产无偿归国家所有。

2. 没收财产的数额和程序由法律规定。

第二十六章　共有所有权

第三百五十五条　共有的概念和种类

1. 两个或两个以上的人（共有人）拥有的财产，共有权（共同财产）属于他们。

2. 财产可以属于多人的按份共有或共同共有。

3. 共有权根据法律不禁止的理由产生。

4. 如果合同或法律没有规定财产的共同共有，共有财产被视为按份共有。

第三百五十六条　按份共有

1. 两个或两个以上的人的财产在所有权中确定了每个人的份额是按份共有权

2. 自然人、法人、国家、社区可以成为按份共有权的主体。

第三百五十七条 按份共有权份额的确定

1. 按份共有权中的份额时均等的，共有人协议或法律另有规定的除外。

2. 如果共有人协议或法律没有规定按份共有权中份额的大小，其考虑每个共有人对财产获得（制造、建造）的贡献确定。

3. 如果无法分割的共同财产的改良经过全体共有人同意以自己的资金进行的，并遵守共同财产使用的规定程序，共有人有在按份共有权中增加自己相应份额的权利。

4. 住宅、其他建筑物、设施的共有人未经其他共有人的同意，按照法律规定的程序自费扩建，如果这不侵犯共有人的权利。这样的扩建是建造它的共有人的财产，并不改变共有人在按份共有权中的份额。

5. 可以分割的共同财产的改良是对其进行改良的共有人的财产，共有人协议另有规定的除外。

第三百五十八条 按份共有权的实现

1. 按份共有权经全体共有人一致同意实施。

2. 共有人可以协商其共有财产的占有和使用的程序。

3. 每个共有人都有权占有和使用按份共有财产中相当于其份额的共同财产的实物部分。如果不可能，他有权要求占有和使用共同财产的其他共同所有人给予适当的物质补偿。

4. 如果共有人之间关于根据按份共有权中的份额占有使用共有财产的协议进行公证，则后来取得按份共有权中的份额的人也具有义务。

第三百五十九条 按份共有财产使用所得果实、产品和收入

按份共有财产使用所得果实、产品和收入加入共同财产，并根据共有人在按份共有权中的份额分配，共有人另有约定的除外。

第三百六十条 按份共有财产的维护

共有人根据其在按份共有权中的份额有义务承担共同财产的管理、维护和保护费用，缴纳税款、收费（必要付款），以及承担与共有财产有关债务的第三人责任。

第三百六十一条　共有人处分按份共有权份额的权利

按份共有人有权独立地处分自己的份额。

第三百六十二条　按份共有权中份额的优先购买权

1. 在出售按份共有权份额时，共有人按照出售公布和其他同等条件较之第三人有优先购买权，公开拍卖的情况除外。

2. 按份共有权份额的出卖人必须书面通知其他共有人出售其份额的意向，并说明其出售份额的价格和其他条件。

如果其他共有人放弃行使优先购买权或在一个月内不行使不动产优先购买权，从收到通知之日起十天内不行使动产优先购买权的，出卖人有权将其份额出售给另一人。

3. 如果多个共有人表明取得按份共有权的份额的意愿，则出卖者有权选择购买者。

4. 在出售按份共有权份额违反优先购买权时，共有人可以向法院提起转让购买人权利和义务的诉讼。同时，原告必须将合同规定买方应支付的款项存入法院的存款账户。

该请求的诉讼时效为一年。

5. 按份共有中共有人的优先购买权不得转让给第三人。

第三百六十三条　按份共有中根据合同取得转让份额的时间

1. 按份共有中共有财产的份额自合同签订之时起转移给取得人，但双方当事人的协议另有规定的除外。

2. 根据合同，须经公证和（或）国家登记的按份共有权份额应根据本法典第三百三十四条转让给取得人。

第三百六十四条　按份共有财产份额的分出

1. 共有人有权从按份共有财产中分出实物份额。

2. 如果法律不允许或不可能（本法典第 183 条第 2 部分）以实物形式分出共同财产的份额，想分出的共有人有权从其他共有人那里获得其份额的金钱或其他物质补偿。

只有经其同意才能给予共有人补偿。

获得这种补偿的共有人在按份共有权中的份额自收到补偿之日起终止。

3. 在共有人实施分割时，共有人从共同财产中以实物形式分出份额时，该财产按份共有权终止。该人取得分割财产的所有权，该权利应当进行国家登记。

4. 不动产共同财产实物分出合同应以书面形式订立，并应当进行公证。

第三百六十五条 根据其他共有人的请求共同财产中的份额权终止

1. 在下列情况下，其他共有人提起诉讼，根据法院判决当事人对于共有财产份额的权利可以终止：

（1）份额不明并无法以实物分出；

（2）物品不可分割；

（3）财产无法共同占有和使用；

（4）该终止不损害共有人及其家属的利益。

2. 法院决定终止个人在共同财产中的份额权，条件是原告必须将该份额的价值存入法院的存款账户。

第三百六十六条 对按份共有财产中份额的追索

1. 按份共有财产的共有人的债权人，在共有人的其他可以追偿的财产不足的情况下，可以起诉请求以实物的形式分出共有财产中的份额以进行追偿。

如果以实物的形式分出会使共有财产产生改变其用途的结果或其他共有人有异议，由法院解决纠纷。

2. 在无法以实物的方式分出共有财产的份额或其他共有人反对的情况下，债权人有权请求债务人按照同等出售的价格出卖自己对共有财产的份额以偿还债务。

在债务人拒绝出卖自己按份共有权的份额或其他共有人拒绝取得债务人的份额的情况下，债权人有权请求债务人公开拍卖该份额或向其他共有人转让其权利，并重新计算。

第三百六十七条　按份共有财产的分割

1. 按份共有的财产可以根据共有人之间的协议以实物的方式在共有人之间分割。

2. 在共有人之间分割共有财产的情况下，其按份共有权终止。

3. 共有不动产分割合同应以书面形式订立，并须经公证。

第三百六十八条　共同共有

1. 两人或两人以上不确定份额共同享有所有权的是共同共有。

2. 共同共有的主体可以是自然人、法人、国家、地方公社，法律另有规定的除外。

3. 夫妻在婚内取得的财产属于他们共同共有，合同另有约定或法律另有规定的除外。

4. 由于共同加工而取得的财产以及家庭成员共同的金钱属于他们共同共有，书面合同另有约定的除外。

第三百六十九条　按份共有权的实现

1. 共有财产的共同所有人应共同占有和使用共有财产，共有人另有约定除外。

2. 共同共有财产经全体共有人同意进行管理，法律另有规定的除外。

在共有人之一实施管理行为的情况下，管理共有财产的法律行为被认为是经全体共有人同意实施的，法律另有规定的除外。

共有人实施管理需要进行公证和（或）进行国家登记的共有财产的法律行为，共有人应当书面同意并进行公证。

3. 共有人有权授权给其中一个共有人实施管理共有财产的法律行为。

4. 共有人中的一人实施处分共有财产的行为，在缺乏共有人必要授权的情况下，按照其他共有人的诉讼可以被法院认定为无效。

第三百七十条　共同共有财产份额的分出

1. 共有人有权以实物的方式分出共同共有财产的份额，法律另有规定的除外。

2. 在分出共同共有财产份额的情况下，每个共有人所占份额相等，共有人的协议或法院的判决另有规定的除外。

3. 根据本法典第三百六十四条规定的程序分配共有财产中的份额。

第三百七十一条 对共有财产中份额的追索

1. 共同共有财产共有人的债权人，在共有人的其他可以追偿的财产不足时，可以提起以实物形式从共同财产中分出份额的诉讼以对其追偿，法律有规定的除外。

2. 为进行追偿而分出共同共有财产的份额，应当根据本法典第三百六十六条规定的程序实施。

第三百七十二条 共同共有财产的分割

1. 根据共有人之间的协议，共同共有的财产可以在共有人之间分割，法律另有规定的除外。

2. 在对共同共有的财产分割的情况下，共有人所占的共同共有权的份额是相等的，共有人另有约定或法律另有规定的除外。

根据法院的判决，考虑实际情况，共有人的份额可以增多或减少。

3. 在共有人之间分割财产的情况下，该财产上的共同共有权终止。

4. 有关分割共同共有的不动产的合同应当采取书面形式签订并进行公证。

第二十七章 土地所有权

第三百七十三条 作为所有权客体的土地（地块）

1. 土地是基本的国家财富，并处于国家特殊的保护之下。

2. 土地（地块）所有权由《乌克兰宪法》予以保障。土地（地块）所有权依法取得和实现。

3. 土地（地块）所有权包括该地界内的土地表层（土壤层）、地界内的水体、深林、多年种植的树木，还包括土地上下建造生活、生产以及其他建筑物和构筑物的必要空间。

4. 土地的所有权人有权根据其一定的用途依自己的意愿使用土地。

5. 土地的所有权人可以依自己的意愿使用该土地表层上下的一切物，但是不得损害他人的利益，法律另有规定的除外。

第三百七十四条　土地（地块）所有权的主体

1. 土地（地块）所有权的主体可以是自然人、法人、国家和地方公社。

2. 外国人、无国籍人可以依法取得土地（地块）所有权。

3. 在法律规定的情况下，外国法人、外国国家和国际组织可以成为土地（地块）所有权的主体。

4. 土地（地块）所有权的主体的权利和义务由法律规定。

第三百七十五条　土地上建筑物的所有权人的权利

1. 土地的所有权人有权在土地上建造建筑物、构筑物，建造室内蓄水池，进行改建，以及允许他人在自己的土地上建造。

2. 土地的所有权人有权取得在土地上建造的建筑物、构筑物以及其他不动产的所有权。

3. 所有人的建筑权在遵循设计、建筑、卫生、生态和其他规范和规则，以及在按照其指定用途使用的条件下由其实施。

4. 所有人在其土地上进行违章建筑的法律后果由本法典第三百七十六条规定。

第三百七十六条　擅自建造

1. 住宅、建筑物、设施和其他不动产，如果它们是在为此目的未划拨的土地上被建造或正在建造的，或者没有适当的文件授权完成建筑工作或正式批准的项目，或者严重违反建筑规范和规则，则应视为违章建筑。

2. 实施或正在实施擅自建造不动产行为的人不能获得该不动产的所有权。

3. 不动产违章建筑所有权可以根据法院判决认定为在为此目的未划拨给其土地上进行违章建筑的人，条件是按照规定程序土地提供给已建成不动产的人。

4. 如果土地所有人（使用人）反对承认在其土地上进行违章建筑的人不动产所有权，或者如果这侵犯其他人的权利，财产应由进行违章建筑的人拆除，或由其承担费用。

5. 根据土地所有人（使用人）的请求，法院可以承认其在土地上违章建筑不动产所有权，如果这不侵犯其他人的权利。

6. 如果不动产所有权被确认为许可在土地建造的所有人（使用人），进行违章建筑的人有补偿建筑费用权。

7. 在严重偏离设计，违反公共利益或侵犯他人权利，严重违反建筑规范和规则时，法院可根据有关国家权力机关或地方自治机关的诉讼作出判决，责成实施建筑的人进行相应的改建。

如果不可能进行改建，或建筑人拒绝进行改建，法院应下令拆除该不动产，费用由建筑人承担。违章建筑人有义务补偿土地恢复原状的费用。

第三百七十七条　在取得住宅、建筑物或位于其上的设施的所有权时土地所有权

1. 按照原土地占有人（土地使用人）规定的范围和条件未改变土地用途，土地所有权、使用权转让给取得住宅（公寓除外）、建筑物或设施的所有权人。

2. 由于住宅、建筑物或设施所有权转让，土地范围和地籍号权的转让是合同的基本条件，该合同规定取得该客体的所有权（公寓楼除外）。

第三百七十八条　土地所有权的终止

在法律规定的情况下，根据法院的判决，当事人的土地所有权可以终止。

第二十八章　房屋所有权

第三百七十九条　住房的概念

自然人的住所是指供经常或临时居住的住宅、公寓、其他住房。

第三百八十条　作为所有权客体的住房

住宅是指符合法律、其他规范性法律文件规定的要求建造的永久性建筑物，旨在供人们长期居住。

第三百八十一条　作为所有权客体的住宅

1. 庄园是指土地、连同坐落于其上的住宅、生活附属建筑物、地上及地下设施、多年种植物。

2. 在转让住宅时，视为转让整个庄园，合同或法律另有规定的除外。

第三百八十二条　作为所有权客体的房间

1. 公寓系指住宅内适宜供人长期居住的封闭性空间。

2. 多层住宅楼内所有公寓和非住宅用房的所有权人，均基于共同共有权，成为该多层住宅楼公共财产的共同所有人。多层住宅楼的公共财产包括：公共使用空间（包括辅助空间）、承重结构、围护结构和承重—围护结构、位于楼内或楼外且服务于一个以上住宅或非住宅用房的机械、电气、卫生及其他设备，以及为满足多层住宅楼所有共同所有人需求而设且位于附属区域内的建筑物和构筑物，以及在对该等权利进行国家登记的情况下，多层住宅楼及其附属区域所坐落的土地使用权。

第三百八十三条　住房、房间的所有权

1. 住宅和公寓的所有人有权将该房屋用于本人、家庭成员以及其他人员居住，但无权将其用于工业生产。

2. 公寓的所有者可以根据自己的意愿对其作为一个整体使用的公寓进行修缮和改造，前提是这些改造不侵犯其他公寓和住宅楼内非住宅房间所有人的权利，并且不违反卫生技术要求和房屋使用规则。

第三百八十四条　住宅建筑（住宅）合作社及其成员在合作社房屋中对公寓的权利

1. 由住宅建筑合作社建造或取得的房屋是其财产。

2. 住宅建筑（住宅）合作社成员有权占有和使用他在合作社大楼中所占用的公寓，并在征得合作社同意的情况下享有处分权，如果他没有赎买该公寓。

3. 在赎回房间的情况下，住宅建筑合作社的成员成为其所有权人。

第三百八十五条　多套房屋的所有权人联合会

公寓楼内的公寓和非住宅用房业主为了保障该大楼的运营，公寓和非住宅用房的使用，公寓楼共同财产的管理、维护和使用，可以成立公寓楼业主协会。

该联合会属于法人，依法律和章程成立和经营。

第二十九章　所有权保护

第三百八十六条　所有权保护的根据

1. 国家平等地保护一切所有权主体。

2. 有理由认为自己的所有权具有被他人损害的可能性的所有权人，可以向法院请求禁止损害其权利的行为或请求实施预防该损害的特定的行为。

3. 权利被侵犯的所有人有造成其物质和精神损害的补偿权。

第三百八十七条　所有人追回他人非法占有财产的权利

所有权人有权从非法、无相应法律依据占有其财产的人那里追回自己的财产。

第三百八十八条　所有人从善意取得人处追偿财产的权利

1. 如果财产是从无权转让的人处有偿取得，取得人并不知悉或不可能知悉（善意取得人），仅在下列情况下，所有权人有权要求取得人返还该财产：

（1）财产是被所有权人遗失或被其交付占有的人遗失的；

（2）财产是从所有权人或被其交付占有的人处窃得的；

（3）财产是由于所有权人或被其交付占有的人意志以外的其他方式而丧失占有的。

2. 如果财产是按照执行法院判决规定的程序出售的，则不能从善意取得人处追回财产。

3. 如果财产是从无权转让人处无偿取得的，则财产所有权人在任何情况下均有权要求善意取得人返还该财产。

第三百八十九条　金钱和有价证券的返还

金钱以及凭证形式存在的无记名证券不能要求善意取得人返还。

第三百九十条　从他人非法占有中追回财产时的结算

1. 财产的所有权人有权请求知道或应当知道其非法占有财产的人（恶意取得人）返还财产和他们在占有财产期间取得或能够取得的孳息。

2. 财产的所有权人有权请求善意取得人返还自其知道或应当知道其在非法占有财产期间或自收到关于所有权人要求返还财产的诉讼传票之时起期间内所获得的或应该获得的全部权益。

3. 善意或恶意取得人（占有者），都有权要求财产所有人补偿其自财产所有人拥有财产返还权或收入转让权之时起为维护和保全财产所必需的费用。

4. 善意取得人（占有人）有权保留其对财产进行的改良，如果这些改良可以从财产中分离而不损害财产。如果改良不能从财产中分离，善意取得人（占有人）有权获得补偿，补偿金额为财产价值增加的数额。

第三百九十一条　保护所有权免受与剥夺占有无关的侵犯

财产所有人有权要求排除妨碍其使用和处置财产的障碍。

第三百九十二条　所有权的承认

如果财产所有人的权利受到他人质疑或不承认，以及在其丢失证明所有权文件的情况下，财产所有人可以提起所有权确认之诉。

第三百九十三条　侵犯所有权法律文件非法性的确认

1. 国家权力机关、克里米亚自治共和国的权力机关或者地方自治机关的法律文件没有相应的法律依据或损害所有权人的权利，法院可以根据财产所有权人的诉讼认定法律文件非法或撤销。

2. 由于国家权力机关、克里米亚自治共和国的权力机关或地方自治机关法律文件的发布而权利受到侵害的，财产所有权人有权请求恢复至该文件发行前的状态。在不可能恢复到之前状态的情况下，所有权人有权请求财产或精神损害赔偿。

第三百九十四条　因土地住宅、其他建筑价值降低造成所有人损害的赔偿

土地、住宅、其他建筑的所有人由于生态、噪音保护水平降低、土地自然特性恶化的活动而使这些客体价值降低的，有获得补偿的权利。

第二编　其他财产的物权

第三十章　其他财产物权的一般规定

第三百九十五条　其他财产物权的种类

1. 其他财产的物权包括：

（1）占有权；

（2）使用权（地役权）；

（3）为农业（动植物）需要的土地使用权；

（4）土地建筑权（地上权）。

2. 法律可以规定其他财产的物权。

第三百九十六条　其他物权的保护

拥有他人财产物权的人有权根据本法典第二十九章的规定保护该权利，包括财产所有人的权利。

第三十一章　占有他人财产的权利

第三百九十七条　占有他人财产的主体

1. 实际控制财产的人是他人财产的占有人。

2. 他人财产的占有权可以同时属于两个或两个以上的人。

3. 如果法律没有其他规定或法院的判决没有其他规定，实际占有财产被认为是合法的。

第三百九十八条　占有权发生

占有权根据与所有人或被所有人转让的人签订的合同，以及法律规定的其他理由产生。

第三百九十九条　占有权的终止

1. 占有权在下列情况下终止：

（1）占有人放弃占有权；

（2）财产的所有权人或其他人向占有人索取财产；

（3）财产灭失。

2. 在法律规定的其他情况下占有权终止。

第四百条　恶意占有人立即将财产返还给对财产有所有权或其他权利的人或财产的善意占有人的义务

恶意占有人根据合同或法律有义务立即将财产返还给财产所有人或其他权利人或该财产的善意占有人。在恶意占有人未能履行这一义务时，利害关系人有权提起追偿该财产的诉讼。

第三十二章　使用他人财产的权利

第四百零一条　他人财产使用权的概念

1. 使用他人财产（地役权）的权利可以针对土地、其他自然资源（地役权）或其他不动产设立，以满足其他人无法通过其他方式满足的需求。

2. 地役权可以属于邻近土地的所有人（占有人）或其他特定的人（个人地役权）。

第四百零二条　地役权的设定

1. 地役权可以通过合同、法律、遗嘱或法院的判决设定。

2. 土地地役权可以由要求设立地役权的人与土地所有人（占有人）之间的合同设立。

土地地役权应按照不动产权利国家登记的程序进行国家登记。

3. 在地役权的设立及其条件未达成协议时，法院应根据要求设立地役权人的请求解决争议。

第四百零三条 地役权的内容

1. 地役权确定个人使用他人财产的权利范围。

2. 地役权可以设定为有期限的，也可以是无期限的。

3. 使用地役权的人应当支付使用财产的费用，但是合同、法律、遗嘱或法院的判决另有规定的除外。

4. 地役权不得转让。

5. 地役权并不剥夺财产所有人对设定地役权财产的占有、使用和处分权。

6. 地役权在其设立的财产所有权转让给他人时继续有效。

7. 因使用地役权的人对土地或其他不动产所有人造成损失的，应按照一般原则予以赔偿。

第四百零四条 使用他人的土地或其他不动产的权利

1. 使用他人土地或其他不动产的权利包括通过、通过他人土地、铺设和运营输电线路、通信和管道、供水、开垦等。

2. 个人有权要求相邻土地的所有人（占有人），在必要时要求其他土地所有人（占有人）提供土地地役权。

3. 使用他人财产的权利可以针对其他不动产（建筑物、设施等）设立。

第四百零五条 房主家庭成员使用住房的权

1. 与住房所有权人一起居住的家庭成员有权依法使用该住房。

他们有权占有的房间由其所有权人规定。

2. 住房所有人的家庭成员无正当理由离开该住房超过一年的，应当丧失对该住房的使用权，但该成员与住房所有之间的协议或法律另有规定的除外。

第四百零六条 地役权的终止

1. 地役权在下列情况下终止：

（1）当地役权受益人与负担地役权的财产所有人合为同一人时；

（2）地役权受益人放弃地役权；

（3）地役权设定的期限届满；

（4）设定地役权的条件终止；

（5）地役权连续三年未使用；

（6）个人地役权受益人死亡。

2. 在重大情况下，根据财产所有人的请求按照法院判决地役权可以终止。

3. 如果地役权阻碍该土地按其指定用途使用，土地所有人有权要求终止地役权。

4. 在法律规定的其他情况下地役权可以终止。

第三十三章　农业用地使用权

第四百零七条　农业用地使用权产生的根据

1. 使用他人土地的权利由土地所有权人与有意愿为农业需求使用该土地的人（土地使用人）之间的合同设定。

2. 农地使用权可以按照继承程序转让，本条第三部分规定的情况除外。

3. 土地使用者不得为了农业需要将国家或市政财产土地使用权转让给他人，存入法定基金，抵押。

第四百零八条　为农业需求授予使用他人土地权利的合同的期限

1. 为农业需求授予使用他人土地权利的合同的期限由合同规定，并且使用国家或公共所有的土地不得超过五十年。

2. 如果授予他人农地使用权合同是无限期的，每一方当事人都可以在至少一年前事先通知另一方放弃合同。

第四百零九条　农业用地所有人的权利和义务

1. 土地所有权人有权请求土地使用人按照合同规定的用途使用土地。

2. 土地法人所有权人有权获得使用其土地的报酬。报酬的多少、形式、条件、程序和支付的期限由合同约定。

3. 土地的所有权人不得妨害土地使用权人行使其权利。

第四百一十条 土地使用人的权利和义务

1. 土地使用人有权根据合同完全使用该土地。

2. 土地使用人应当支付使用土地的费用，其他费用由法律规定。

3. 土地使用人有义务根据土地指定用途有效利用土地，提高土地肥力，采用环保技术生产，避免采取可能导致生态状况恶化的行为。

第四百一十一条 土地使用人转让土地使用权

1. 为了农业需要，土地使用人有权转让土地使用权的权利，法律另有规定的除外。

2. 在出售该土地的使用权时，该土地的所有人以宣布的出售价格和其他同等条件有优先于其他人的取得权。

3. 土地使用人有义务书面通知土地所有人出售土地使用权。如果所有人在一个月内没有发出书面同意购买，土地的使用权可以出售给他人。

4. 在损害优先购买权的情况下会产生本法典第三百六十二条规定的后果。

5. 在土地使用人将土地使用权出售给他人用于农业需要，土地所有人有权获得合同规定的出售价格（权利价值）的利息。

第四百一十二条 农用地使用权的终止

1. 在下列情况下，为农业需求使用土地的权利终止：

（1）土地的所有权人与土地使用人合并为一人；

（2）使用权期限届满；

（3）与社会需要有关的土地的回赎。

2. 为农业需求使用土地的权利在法律规定的情况下依照法院的判决终止。

第三十四章 使用他人土地进行建筑的权利

第四百一十三条 使用他人土地进行建筑权利的产生根据

1. 土地占有人有权授予他人，用于建筑工业、家庭、社会文化、住宅和其他设施和建筑物（超级住宅）。这种权利根据合同或遗嘱产生。

2. 土地使用人可以按照继承程序转让或转交建筑用地使用权，本条第三款规定的情况除外。

3. 土地使用人不得将国家或市政财产进行建筑的土地使用权转让给他人（建筑在该土地上的建筑物或设施所有权转移的情况除外），存入法定基金、抵押。

4. 使用他人土地进行建筑的权利可以设立有期限或无期限，本条第五款规定的情况除外。

5. 国家或市政财产用于建筑的土地使用期限不得超过五十年。

第四百一十四条　用于建筑的土地所有权人的权利和义务

1. 用于建筑的土地所有人有权获得土地使用报酬。

如果在土地上建建筑工业设施，合同可以规定土地所有人获得土地使用人收入的份额。

2. 土地所有人有权在与土地使用者签订的合同规定的范围内占有和使用土地。

3. 土地所有权转让给他人不影响建筑物（设施）所有人使用土地的权利范围。

第四百一十五条　土地使用人的权利和义务

1. 土地使用人有权根据合同规定的范围使用土地。

2. 土地使用人在移交给他的土地上建造的建筑物（设施）有所有权。

3. 接受建筑物（设施）所有权的人获得与建筑物（建筑物）原所有人相同的条件和数量的土地使用权。

4. 土地使用人有义务为其建筑用地支付使用费以及法律规定的其他费用。

5. 土地使用人应当根据土地的实质用途使用土地。

第四百一十六条　为建造而使用土地的权利的终止

1. 为建造而使用土地的权利在下列情况下终止：

（1）土地所有权人和土地使用人合并为一人；

（2）使用权期限届满；

（3）土地使用人放弃使用权；

（4）连续三年未为建造而使用土地。

2. 在法律规定的其他情况下，法院可以判决为建造而使用土地的权利终止。

第四百一十七条 土地使用权终止的法律后果

1. 在建造建筑物（构筑物）的土地使用权终止的情况下，土地的所有权人和该建筑物（构筑物）的所有权人可以约定终止的法律后果。

在未能达成协议的情况下，土地所有权人有权请求建筑物（构筑物）的所有权人拆除建筑物（构筑物）并将土地恢复至使用之前的状态。

2. 如果法律禁止拆除位于土地上的建筑物（住宅、文化遗产古迹等）或因建筑物的价值明显高于土地价值是合理的，法院可以根据终止土地使用权的理由，判决建筑物所有人赎买其所在的土地，或土地所有人赎买建筑物，或确定建筑物所有人在新的期限内使用该土地的条件。

第七部分 《白俄罗斯共和国民法典》物权法编

（刘鹤 译 邓社民 张源洁 校对）

《白俄罗斯共和国民法典》物权法部分是1998年12月7日经白俄罗斯共和国议会（218－3）通过，1999年7月1日生效。2002年至2019年先后修改了12次。此文本根据2019年5月4日修改的文本翻译而成。

目 录

第二编 所有权和其他物权

第十三章 一般规定

第十四章 所有权的取得

第十五章 所有权的终止

第十六章 共有

第十七章 不动产物权

第十八章 住房的所有权和其他物权

第十九章 经营权和业务管理权

第二十章 所有权和其他物权的保护

第二编 所有权和其他物权

第十三章 一般规定

第二百一十条 所有权的内容

1. 占有、使用和处分自己财产的权利属于所有权人。

2. 所有人有权对属于其财产按自己的意愿行使不与法律、公共利益和安全相抵触，不损害环境、历史文化价值或不侵犯他人的权利和受法律保护的利益的任何行为，包括将自己的财产让与他人所有，在保留所有权的同时，将财产的占有权、使用权和处分权转让给他人，将财产抵押或以其他方式担保，以及以其他方式处分财产。

单一制企业、国有联合企业或机构以合同或其他方式取得的财产所有权，由该单一制企业、国有联合企业或机构的财产所有人取得。

3. 在法律允许的范围内，土地和其他自然资源的所有权、使用和处置应由其所有权人自由行使，但不得损害环境或侵犯他人的权利和受法律保护的利益。

4. 财产所有权人可以将自己的财产交付他人（委托管理人）进行委托管理。将财产交付委托管理并不使财产的所有权转移给委托管理人，而委托管理人必须为了财产所有权人或财产所有权人所指定的第三人的利益对财产进行管理。

5. 所有权没有期限。

第二百一十一条 维护财产的责任

所有人维护属于其财产的责任，法律或合同另有规定的除外。

第二百一十二条 财产意外灭失的风险

所有人承担财产意外灭失、意外损坏或意外破损的风险，法律或合同另有规定的除外。

第二百一十三条　所有权的形式与主体

1. 财产可以是国有的也可以是私有的。

2. 国有财产权的主体是白俄罗斯共和国和行政区域单位。

3. 私有财产权的主体是自然人和非国有法人。

4. 获得和终止财产所有权、占有权、使用权和处置权的特殊性，取决于财产是公民或法人所有，是白俄罗斯共和国或行政区划单位所有，可以由立法确定，而在《白俄罗斯共和国宪法》规定的情况下，只有由法律规定。

5. 一切财产所有权人的权利均受到同等保护。

第二百一十四条　公民和法人所有权

1. 任何财产可以为公民和法人所有，根据法律公民或法人不得所有的某些财产除外。

2. 归公民所有的财产的数量和价值不受限制，但是法律为国家安全、公共秩序、道德保护、公共卫生、他人的权利和自由而作出的限制除外。对于法人，这些限制可以通过立法行为来规定。

3. 发起人（参与人、成员）向商业和非商业组织（除向单一制企业、国家协会或所有人资助的机构转让外）作为投资（出资）转让的财产以及法人获得的财产均为这些法人所有。

4. 商业组织的发起人（参加人、成员）对该组织拥有的财产享有其成立文件中规定的债权。

5. 社会和宗教组织、慈善和其他基金会获得的财产归其所有，只能用于其组织文件规定的目的。

这些组织的发起人（参与人、成员）丧失其转让给有关组织的财产的权利。在该组织清算的情况下，债权人的债权得到清偿后剩余的财产将用于其成立文件规定的目的。

第二百一十五条　国家所有权

1. 国家财产以共和国财产（白俄罗斯共和国财产）和市政财产（行政区

划单位财产）的形式出现。

2. 共和国财产由白俄罗斯国库和根据立法文件划拨给共和国法人的财产。

共和国预算资金、外汇储备、其他仅为国家所有的客体和其他为划拨给共和国法人的其他国家财产构成白俄罗斯共和国国库。

3. 市政财产由行政区划单位的国库和根据法律划拨给市政法人的财产组成。地方预算资金和未划拨给市政法人的其他市政财产构成相应行政区划单位的国库。

第二百一十六条　国有法人财产

国家所有的财产可划归国家法人，由其行使经济管理权或业务管理权。

第二百一十七条　非财产所有权人的物权

1. 除所有权外，物权还包括：

（1）经营权和业务管理权（本法典第二百七十六条、第二百七十七条）；

（2）土地的终身继承占有权；

（3）土地的永久使用权和暂时使用权；

（4）地役权（本法典第二百六十八条）。

2. 财产所有权转让给他人不是该财产其他物权终止的理由。

3. 按照本法典第二百八十六条规定的程序，非所有人的物权受保护免受侵犯。

第二百一十八条　国有财产私有化

国家所有的财产私有化，依照规定的方式进行。

在共和国和市政财产私有化时，适用本法典规定的调整所有权取得和终止程序的规定，私有化法律另有规定的除外。

第十四章　所有权的取得

第二百一十九条　所有权取得的根据

1. 一个人根据法律为自己制造或创造的新物品的所有权由该人获得。

根据本法典第一百三十六条规定的理由取得使用财产所得天然孳息、产品和法定孳息的所有权。

2. 有所有人的财产所有权可以由他人根据买卖、互易、赠与或其他处分该财产的法律行为取得。

在公民死亡的情况下，归其所有的财产依照遗嘱或法律由他人继承。

在法人重组时，其财产所有权转移给法人—重组法人的继承人。

除法律规定的情况外，不得未经所有权人同意将财产让与他人。

3. 在法律规定的情况和程序下，一个人可以获得没有所有人、所有人不明或所有人放弃财产所有权或根据法律规定的其他理由丧失财产所有权。

4. 住宅、住房建设、别墅、车库或其他消费合作社的成员，其他有股金积累权的人，为合作社提供给该人使用的公寓、别墅、车库、其他场所、车位全额出资，自该权利按规定程序登记之时起获得上述财产的所有权。

第二百二十条　新建不动产所有权的产生

1. 在建的基本建筑（建筑物、设施）和其他重建的不动产所有权自该财产建成之时起产生，法律另有规定的除外。

2. 在重建的不动产应当进行国家登记的情况下，其所有权自登记之时起产生，法律另有规定的除外。

3. 在不动产建成之前，而在相应情况下—不动产国家登记之前，法律另有规定的除外，材料和不动产所用其他财产所有权的规则适用于该财产。

第二百二十一条　加工

1. 除非合同另有规定，一个人通过加工不属于他的材料而制造的新的动产所有权由材料的所有人获得。如果加工的价值大大超过材料的价值，善意地为自己加工的人将获得新物的所有权。

2. 如果合同没有另外规定，材料的所有人获得了由材料加工成的物品的所有权，有义务向从事加工的人补偿加工价值，如果该人获得了新物的所有权，后者有义务向材料的所有人补偿材料的价值。

3. 材料的所有权人，如因加工者的非善意行为而丧失材料，则有权要求加工者将新物交付给他所有并赔偿对他造成的损失。

第二百二十二条　公众可采集物的归属

如果根据法律、所有人的一般许可或根据当地习惯允许在森林、水体或其他地域采集浆果、捕鱼、采集或猎取其他公共物品和动物，则实施采集或开采的人获得相应物的所有权。

第二百二十三条　违章建筑及后果

1. 违章建筑是一个人通过建造、改造（附属建筑、增建、扩建）基本建筑（建筑物、设施）建造或改良不动产实施的下列活动：

（1）擅自占用土地；

（2）在未按指定用途使用的土地上，或由没有相应决定全权的国家机关提供的，和（或）不进行拍卖，只有根据拍卖结果才能提供的；和（或）违反土地提供顺序规定提供的和（或）如果根据法律文件要求实施违章建筑土地分布的地点未经事先同意的土地上；

（3）未获得必要的建设和重建许可证，或在法律规定有必要准备的情况下没有设计文件，或严重违反城市规划和建筑规范和规则，白俄罗斯共和国总统另有规定规定的除外。

因未经授权而建造的不动产是违章建筑。

违章建筑应立即暂停。

为了本法目的，严重违反城市规划和建筑规范与规则的行为应理解为可能造成侵犯他人的权利和受法律保护的利益、公民的生命或健康、公民和法人财产的潜在威胁，违反已获批的城市规划文件规定的土地使用条例，以及造成环境损害，降低客体运营的适用性。

2. 根据本法典第二百二十条第一款和第二款的规定，进行违章建筑的人，不取得违章建筑物的所有权。无权处分建筑物，即无权出售、赠与、出租或实施其他法律行为。

3. 在违章建筑的情况下，根据本条第一款第一项规定，除非白俄罗斯共和国总统另有规定，由地方行政和管理机关应作出返还违章占用土地、拆除违章建筑的决定，按照土地保护和使用法规定的程序将土地整理成适合目标用途的状态。

4. 在擅自施工的情况下，包括由个人购买的土地上有未经授权的在建工程（以下简称合法受让人）时，在本条第一款第一分款第二项规定的情况下，由（明斯克市）执行委员会根据保护和使用土地的法律规定的程序作出决定，除非白俄罗斯共和国总统另有规定：

（1）拆除违章建筑使土地达到适合其预定目的的条件，并在决定中明确采取这些活动的期限；

（2）将违章建筑恢复到建设前的状态，并确定完成这些行动的期限的决定。

在本条第一款第二项规定的情况下，在授予私人财产或终身继承占有的土地上实施违章建筑（包括合法买受人）的人，根据法院判决，可以承认违章建筑的所有权，如果保留违章建筑不会严重违反城市规划和建筑法规和规则。

法院承认违章建筑的所有权是地方执行和管理机关决定继续建设（违章建筑按规定程序通过使用和国家登记）和按土地保护和使用法规定的程序提供土地的基础。

在州（明斯克市）执行委员会决定规定的期限内向法院申请确认违章建筑所有权或按照这样的决定程序申诉中止其执行。

5. 在违章建设时，包括合法买受人在根据本条第一款第三项所述的理由违反法律的情况下，由地方行政和管理机关作出下列决定之一，白俄罗斯共和国总统另有规定的除外：

（1）继续建设（接受违章建筑并按照规定的程序进行国家登记）——如果保留建筑不会导致严重违反城市规划和建筑规范和条例；

（2）拆除未经许可的建筑物并使土地改为适合其预定目的的条件，并在决定中明确采取这些行动的期限——如果保留建筑物严重违反城市规划和建筑规范和规则；

(3) 将违章建筑恢复到建设前的状态，并确定完成这些行动的期限的决定——如果保留建筑物严重违反城市规划和建筑规范和规则。

在州（明斯克市）执行委员会决定规定的期限内向法院申请确认违章建筑所有权或按照这样的决定程序申诉中止其执行。

6. 拆除违章建筑，将土地整理成适合目标用途的状态，或根据地方执行和行政机关依照本法第四条第一款以及第五条第一款第二项或第三项作出的生效决定，将违章建筑恢复至擅自建造前的状态，应由实施违章建筑行为的人、合法买受人或由上述人员承担费用予以执行。

在违反本条第一款第一部分第二项和第三项所列情形的法律时，已履行本款第一部分规定的要求的合法买受人，有权向转让该土地的人提出追偿要求，以补偿所发生的费用。

7. 在违章建筑人或合法取得人拒绝履行地方执行和行政机关根据本条第四款第一部分以及第五款第一部分第二项或第三项作出的生效决定，或未在期限内执行该决定，或法院未依据本条第四款第二部分认定违章建筑所有权，则地方执行和行政机关（或其授权组织）应对该擅违章建筑进行拆除，并将土地整理成适合目标用途的状态，或将违章建筑恢复至擅自建造前的状态，但本条第八款规定的情形除外。

8. 如果擅自在国有土地（不包括以终身继承占有方式提供的土地）上进行违章建筑的人拒绝执行已生效的州（明斯克市）执行委员会的决定，该决定是依据本条第四款第一部分作出的，或者未在规定期限内执行该决定，则视为放弃对建造违章建筑所用材料的所有权。

在这种情况下，地方行政和管理机构（由其授权的组织）将执行以下操作之一：

拆除违章建筑，或将建筑物恢复到擅自建造之前的状态（如果保留建筑物会导致严重违反城市规划和建筑规范），并将土地整理成适合目标用途的状态；

向法院提起诉讼，要求认定建造违章建筑的材料为无主的，并确认其为公共财产（如果保留建筑物不会导致严重违反城市规划和建筑规范）。在法院判决生效后，地方执行和管理机关将决定继续使用建造违章建筑的材料，包括继续建设（接受违章建筑投入使用并按规定程序进行国家登记），并按照土地保护和使用法律规定的程序提供土地。

9. 根据本条第七款和第八款第二部分第二段按照司法程序追索在进行将违章建筑恢复至擅自建造之前的状态，并将土地整理成适合目标用途的状态的费用。

10. 如果违章建筑是在由无权作出相关决定的国家机关提供的土地上进行的，和/或只有根据拍卖结果才能提供土地而未进行拍卖的，和/或违反土地提供顺序提供土地的，和/或未事先同意土地的位置，如果根据法律文件建造违章建筑，则因国家机关或其公职人员的非法作为（或不作为）对个人造成的损害，应依照本法典第九百三十八条的规定予以赔偿。

第二百二十四条　依照合同取得物的人的所有权取得的时间

1. 依照合同取得物的人的所有权，自物交付之时取得，但法律或合同有不同规定的除外。

2. 如果财产转让应进行国家登记，则取得人的所有权自国家登记之时起取得，但法律有不同规定的除外。

第二百二十五条　物的交付

1. 交付是指将物交给买受人，以及交付运输组织运送给买受人和将无义务交付转让的物寄送给买受人，法律或合同另有规定的除外。

物自买受人或其指定的人实际占有之时起即视为已交付给买受人。

2. 如果在物的转让合同订立时买受人已经占有该物，则物自这个时刻起被视为已被转让。提单或其他物的管理文件的转交等同于物的转让。

3. 物的提单或其他商品处分文书的交付等同于物的交付。

第二百二十六条　无主财产

1. 无所有权人或所有权不明的财产，或者所有权人放弃其所有权的财产，是无主财产。

2. 除非本法典中关于所有权人放弃财产的所有权的取得（本法典第二百二十七条）、关于拾得物（本法典第二百二十八条和第二百二十九条）、无人照管的动物（本法典第二百三十一条和第二百三十二条）、埋藏物（本法典第二百三十四条）、关于古董、历史武器和弹药，其他武器或军事装备（本法典第二千三百四十一条）另有规定、无主动产的所有权可以因取得时效而获得（本法典第二百三十五条）。

3. 无主不动产由国家不动产登记组织根据有关国家机关的申请登记其权利和法律行为，法律另有规定的除外。

无主不动产物的公共财产权可以由法院认定。

未经法院判决认定的无主不动产物可以由抛弃它或因取得时效取得的所有人重新占有、使用和处分。

4. 根据本法典第二百二十三条规定的理由，按照民事诉讼法规定的程序，违章建筑的材料被视为无主物。

第二百二十七条　所有权人放弃的动产

1. 为放弃所有权由所有人抛弃或以其他方式抛弃的动产（抛弃物）（本法典第二百三十七条）可由其他人按照本条第二款规定的程序所有。

2. 所有、占有或使用土地、水体或其他物体的个人，如果发现有被遗弃的物品，其价值明显低于五倍基本金额的总和，或者是被遗弃的金属废料、次品、沉淀物、在开采矿产时形成的废石和废水、生产废物及其他废弃物，有权将这些物品转为自己所有，开始使用这些物品或采取其他表明将物品转为自己所有的行为。

其他抛弃物归占有人所有，如果该人提出申请，法院认定该物为无主物。

第二百二十八条　拾得物

1. 拾得遗失物的人必须立即通知失主或物的所有权人或其所知悉的任何有权取得该物的人，并将拾得物交还给该人。

如果物品是在建筑物中或交通工具上拾得，则应交给代表该建筑物或交通工具的人。在这种情况下，收到拾得物的人即取得拾得人的权利和承担拾得人的义务。

2. 如果有权要求返还拾得物的人或其住所地不明，则物的拾得人必须向内政部或地方管理和自治机关申报拾得物。

3. 拾得人有权自己保管拾得物或将拾得物交给民警机关、地方自治机关或其指定的人保管。

易腐物或其保管费用与其价值不成比例的物，可以由拾得人在收到确认收入数额的书面证明后变现。出售拾得物所得的金钱返还给有权获得物的人。

4. 只有在故意或严重过失的情况下，物的拾得人才在物的价值的限度内对拾得物的遗失和损坏负责。

第二百二十九条　拾得物所有权的取得

1. 如果在向民警机关或地方自治机关报告拾得物（本法典第二百二十八条第二款）之时起的六个月内有权领受该物的人还未确定，或者该有权的人不向民警机关或地方自治机关声明其对拾得物的权利，则物的拾得人即取得拾得物的所有权。

2. 如果物的拾得人拒绝取得拾得物归己所有，则拾得物应收归公共所有。

第二百三十条　补偿与拾得物有关的费用和给捡拾人的报酬

1. 拾得人和将物返还给有权获取物的人有权从该人处获得，在物转为市政所有的情况下，从相应地方管理和自治机关获得与物的保管、交付或处分有关的必要费用，以及有权获得物的人的发现费用。

2. 拾得人有权要求有权获得物的人相当于物的价值百分之二十以下数额的报酬。如果拾得物仅对有权获得的人有价值，则根据与该人达成的协议确定报酬数额，如果未能达成协议，则由法院确定报酬数额。

如果拾得人不报告拾得物或企图隐瞒拾得物，则不获得取得报酬的权利。

第二百三十一条　无人照管的动物

1. 抓获无人照管的或走失的牲畜或其他无人照管的家养动物的人，应将它们返还给失主，如果失主不明或失主的所在地不明，则应在抓获动物之时起的三日内向民警机关或地方自治机关报告所发现动物的情况，民警机关或地方自治机关应采取措施寻找动物的失主。

2. 在寻找失主期间，动物可以在抓获人处饲养或使用，或者交给具备必要条件的人饲养和使用。根据抓获无人照管的动物的人的请求，民警机关或地方自治机关寻找具有必要条件饲养动物的人并将动物交给他饲养。

3. 抓获无人照管动物的人和接受动物并饲养和使用的人，应正常饲养动物，在有过错的情况下，以动物的价值为限对动物的死亡和损伤承担责任。

第二百三十二条　无人照管动物的所有权的取得

1. 如果自报告抓获无人照管的家养动物之时起六个月内尚未发现其所有权人，也无人主张自己对动物的权利，则饲养和使用该动物的人可取得该动物的所有权。

如该人拒绝取得所饲养动物的所有权，则动物依照地方自治机关规定的程序收归自治地方所有和使用。

2. 在将动物交给他人所有之后原来的所有权人又出现时，如果有情况证明这些动物仍保留着对其的依恋，或者有情况说明新的所有权人虐待动物或以其他不适当的方式对待动物，原所有权人有权要求返还动物，返还的条件由其与新的所有权人协商决定，如果达不成协议，则由法院决定。

第二百三十三条　抓获无人照管动物的报酬及有关费用的补偿

1. 将无人照管的家养动物返还给所有权人的情况下，抓获动物的人和饲养及使用动物的人，有权要求动物的所有权人补偿与饲养动物有关的必要费用，但应扣除使用动物所得的利益。

2. 抓获无人照管的家养动物的人，有权依照本法典第二百三十条第二款的规定要求取得报酬。

第二百三十四条　埋藏物

1. 埋藏物，即埋藏在地下或以其他方式隐藏起来的、其所有权人不能确定或其所有权人依法丧失其权利的金钱或贵重物品，应归埋藏该物的财产

（土地、建筑物等）的所有权人与发现埋藏物的人平分，但当事人另有约定的除外。

进行发掘和寻找珍贵物品的人未经土地所有权人或其他财产所有权人的同意而在该土地或其他财产处发现埋藏物，则埋藏物应移交给土地或其他财产的所有权人。

2. 如果发现宝藏包含具有独特精神、艺术和（或）文献价值的物质客体，并且符合选择物质客体赋予其历史文化价值的标准之一，则这些客体应被移交给国家所有。在这种情况下，隐藏埋藏物的土地或其他财产的所有人和发现埋藏物的人有权共同获得埋藏物价值百分之五十的报酬。报酬应在这些人之间平等分配，当事人之间的协议另有约定的除外。

如果未经隐藏埋藏物的财产所有人同意而挖掘或寻找埋藏物的人发现埋藏物的，则不向其支付任何报酬，并将全部交给所有人。

3. 本条规则不适用于进行旨在发现埋藏物的挖掘和搜寻为其工作或职务范围的人。

第二百三十四条之一　古董、历史武器和弹药，其他武器或军事装备的所有权

除非白俄罗斯共和国总统另有规定，如果在进行搜索、挖掘或以其他方式发现无主的古董、历史武器和弹药、其他武器或军事装备时，这些物应按照法律规定的程序转交国家所有。

第二百三十五条　取得时效

1. 公民或法人不拥有财产所有权，但其善意、公开和连续地在十五年内作为自己所有的不动产或在五年内作为自己所有的其他财产占有的，取得该财产所有权（取得时效）。

应进行国家登记的不动产和其他财产，因取得时效获得该财产的人从登记之时起取得该财产所有权。

2. 因取得时效在取得财产所有权之前，将财产作为自己所有的占有人有权保护自己的占有对抗不是所有人的第三人，以及无权因法律或合同规定的其他理由占有财产。

3. 援引占有时效的人可以将其继承人占有该财产期间的全部时间并入自己占有的时间。

4. 对于可依据本法典第二百八十二条至第二百八十四条和第二百八十六条规定从占有人处追索的物，其取得时效的期限自相应请求权的诉讼时效期间届满的次日起算。

第十五章 所有权的终止

第二百三十六条 所有权终止的根据

1. 在所有权人将自己的财产转让给他人，所有权人放弃自己的所有权，财产灭失或毁损以及在法律规定的其他情况下财产所有权丧失的，所有权终止。

2. 不允许强制剥夺所有权人的财产，除非依照法律规定：

（1）因债务对财产进行追索（本法典第二百三十八条）；

（2）转让依法不得由该人拥有的财产（本法典第二百三十九条）；

（3）因征用土地而转让土地上的不动产（本法典第二百四十条）；

（4）赎买不精心管理的文化珍品（本法典第二百四十一条）和家养动物（本法典第二百四十二条）；

（5）征用（本法典第二百四十三条）；

（6）没收（本法典第二百四十四条）；

（7）在本法典第二百五十五条第四款和第二百七十五条之一规定的情况下转让财产；

（8）私有化（本法典第二百一十八条）；

（9）国有化（本法典第二百四十五条）；

（10）在反腐败立法规定的情况下无偿没收财产。

第二百三十七条 放弃所有权

1. 公民或法人可以声明放弃对其财产的所有权，或实施其他行为，明示放弃对财产的占有、使用和处分，而无意保留对财产的任何权利。

承认放弃违章建筑材料的所有权，在国有土地（授予终身继承占有的土地除外）上违章建筑人拒绝执行州（明斯克市）执行委员会根据本法第二百二十三条第四款第一部分作出的具有法律效力决定，或未在法定期限内执行该规定。

2. 除放弃本条第一款第二部分规定的违章建筑所用材料的所有权外，放弃所有权并不意味着在他人获得该财产所有权之前相关财产所有人的权利和义务终止，除非财产已依法处置或销毁。

第二百三十八条　所有人债务财产的追偿

1. 如果法律或合同未规定其他追偿程序，则根据法院判决通过追偿所有人债务财产收回财产。

2. 所有人追偿财产的所有权自收回财产的受让人所有权产生之时起终止。

第二百三十九条　不属于其财产的人的所有权终止

1. 如果根据法律允许的理由，拥有财产的人因法律文件不属于他，该财产必须从财产所有权产生之时起一年内由所有人转让，法律另有规定期限的除外。

2. 如果财产所有人没有在本条第一款规定的期限内转让财产，则该财产应按照其性质和用途，由法院根据有关国家机关或地方管理和自治机关的申请作出决定，可强制出售，将出售收入金额转让给原所有人，或转为国家所有并按法院确定的财产价值补偿原所有人。在这种情况下，扣除转让（负责保管）上述财产的费用。

3. 如果根据法律允许的理由，公民或法人所有是经特别许可允许流通的物，而拒绝向所有人颁发许可证，或者所有人在法律规定的期限内没有申请上述许可证，该物应按照为不属于该所有人的财产规定的程序转让。

在这种情况下，只有在符合法律规定的有关财产流通程序的情况下，允许有上述许可证的人或国家转让物。

第二百四十条 因土地没收其上的不动产转让

1. 在为国家需要或因土地不当使用不可能不终止该地块上永久性建筑（房屋、构筑物）或其他不动产所有权征收土地的情况下，该财产可通过国家赎买或按法律规定程序公开拍卖从所有人处收回。

如果向法院提出征收不动产要求的有关国家机关或地方管理和自治机关未证明，若不终止该不动产的所有权，则无法实现征收土地的目的，则征收不动产的要求不应予以满足。

2. 本条规定相应适用于因收回矿产地或其他不动产所在土地而终止不动产所有权的情形。

第二百四十一条 不精心保管的文化珍品的赎买

如果文化珍品依法属于特别珍贵的和应受国家保护的，其所有权人不精心保管这些珍品而致使有损毁灭失的危险，则这些珍贵物品可以依照法院的判决由国家赎买或公开拍卖。

在赎买文化珍品时，应向其所有权人补偿珍品的价值，数额由双方当事人协商，如有争议，则由法院决定。在进行公开拍卖时，拍卖所得金额在扣除拍卖费用后应归珍品的所有权人。

第二百四十二条 在家养动物受虐待时进行赎买

如果家养动物的所有权人对动物的态度明显违反依法规定的规则或社会一般的人道准则，则可以由向法院提出相应请求的人向所有权人赎买这些动物。赎买的价格由双方当事人协商，如有争议，则由法院决定。

第二百四十三条 征用

1. 在发生自然灾害、事故、流行病、动物流行病和其他紧急情况下，为了社会利益，根据国家机关的决定可以按照法律规定的程序和条件从所有人处没收财产，并向其支付财产价值（征用）。

2. 补偿给所有人的被征用财产价值估价可以由其向法院提出质疑。

3. 财产被征用的人有权在因征用行为的情况终止时，根据法院判决要求返还保存的财产。

第二百四十四条　没收

在法律规定的情况下，作为对实施犯罪或其他违法行为的制裁（没收）可以免费没收所有人的财产。在这种情况下，只有在遵守法律规定的条件和程序才允许按照行政程序没收财产。按照行政程序做出的没收决定可以向法院提出上诉。

第二百四十五条　国有化

只有根据《宪法》通过的关于财产国有化程序和条件的基础上，才能通过国有化将公民和法人所有的财产转变为国家所有，并向财产国有化的人及时和全额赔偿该财产的价值以及没收财产造成的其他损失。

第十六章　共　　有

第二百四十六条　共有的概念和发生的根据

1. 两个或两个以上的人拥有的财产，属于他们共有权。

2. 财产可以确定每个所有人在所有权中的份额（按份共有）和没有确定份额的共有（共同共有）。

3. 除法律规定为共同共有的情况外，财产共有属于按份共有。

4. 共有是财产在两个或两个以上的人所有时，未改变其用途也不可分割（不可分物）或根据法律不能分割时产生。

在法律或合同规定的情况下，发生可分物的共有。

5. 共同共有人在共有财产中的份额，可以依照共同共有人的协议确定，而在不能达成协议时，依照法院的判决确定。

6. 在住房关系领域以及调整住宅楼改造问题的法律中，可制定不同于本章规定的其他规则。

第二百四十七条　按份共有权中份额的确定

1. 如果按份共有人的份额不能依照法律确定，而且共有人的协议也未作出规定，则所有人的份额均等。

2. 全体按份共有人可通过协议确定其份额的认定及变更规则，该规则取决于每个共有人对共同财产形成和增值所作出的贡献。

3. 按份共有人按照共同财产规定的使用程序自费对该财产进行了不可分割的改良，有权在共同财产中相应增加自己的份额。

共有财产的增值部分可分出的，如果按份共有人的协议未有不同规定，应归共有人中使之增值的人所有。

第二百四十八条　按份共有住宅或其他建筑的增建、扩建或改建的后果

如果所有人按照既定规则，通过增建、扩建或改建，自费增加了按份所有的房屋或其他建筑物的面积，则应房屋或建筑物按份所有人的要求，房屋的使用规则应作相应变更。

第二百四十九条　按份共有财产的处分

1. 按份共有财产的处分，依照全体按份共有人的协议进行。

2. 按份共有人有权按照自己的意志出售、赠与、遗嘱处分、抵押自己的份额或进行其他形式的处分，但在进行有偿转让时，必须遵守本法典第二百五十三条规定的规则。

第二百五十条　按份共有财产的占有和使用

1. 按份共有财产的占有和使用，依照全体按份共有人的协议进行，在无法达成协议的情况下，则按照法院决定的办法进行。

2. 按份共有人有权占有和使用与自己份额相当的那部分共有财产，而在不可能这样做时，有权要求占有和使用其份额的其他按份共有人进行相应的补偿。

第二百五十一条　使用按份共有财产所得天然孳息、产品和法定孳息

使用按份共有财产所得的天然孳息、产品和法定孳息，是共同财产的组成部分，并按共有人的份额在共有人中按比例进行分配，但协议有不同规定的除外。

第二百五十二条　按份共有财产的维护费用

每个按份共有人都有义务按其份额比例分摊共同财产的税款、费用和其他付款，以及维护和保全费用，除法律或合同另有规定外。

未经其他共有人同意支付的不必要费用由所有人中一人自己承担，由此产生的争议应通过司法程序解决。

第二百五十三条　共同所有权份额的优先购买权

1. 在向他人出售共有财产份额时，按份共有财产的其他共有人有按出售价格和其他同等条件优先购买所售份额的权利，但公开拍卖的情况除外。

在全体按份共有人无法达成协议时，按份共有财产中的份额可以在本法典第二百五十八条规定的情况下以及在法律规定的其他情况下进行公开拍卖。

2. 份额的出卖人有义务以书面形式通知其他按份共有人向他人出卖其份额的意图并说明出售的价格和其他条件。通知的方式可以由按份共有人按照本法典第二百四十九条第一款要求的书面协议规定。如果其他按份共有人从通知之日起拒绝购买或在一个月内不取得不动产所有权中出售份额，对于其他财产在十天内，出卖人有权将其份额出售给任何人。

3. 在违反优先购买权出售份额的情况下，其他任何按份共有人均有权在三个月内向法院起诉请求将买方的权利和义务移转于他。

4. 份额的优先购买权不得让与。

5. 本条的规则也适用于依照互易合同转让份额的情况。

第二百五十四条　共有权份额转让给合同买受人的时间

共同财产的份额自合同签订之时起移转给取得人，但双方当事人的协议有不同规定的除外。

应进行国家登记的合同共有权份额转让的时间，根据本法典第二百二十四条第二款确定。

第二百五十五条　按份共有财产的分割和份额的分出

1. 按份共有的财产，可以根据共有人的协议在共有人之间进行分割。

2. 按份共有财产的共有人有权要求从共有财产中分出自己的份额。

3. 在按份共有人关于共同财产分割或从中分出份额的方式和条件未达成协议时，按份共有人有权按照司法程序要求从共同财产中以实物形式分出自己的份额。

如果法律不允许以实物方式分出份额，或者以实物方式分出份额可能对共有财产造成严重损害，则要求分出其份额的共有人有权要求其他按份共有人向其给付其份额的价值。

4. 根据本条分出给按份共有人的实物财产与其在所有权中的份额不相称的，应通过支付相应的金额或其他补偿予以纠正。

在取得按份共有人同意的情况下，其他按份共有人可以通过支付补偿的方式替代实物分割其共有份额。若该按份共有人的份额微不足道、无法实际分割且其对共同财产的使用无实质性利益，即使未经其同意，法院亦可裁定强制其将份额转让给其他共有人并获取相应补偿。

5. 依照本条的规定取得补偿，所有权人即丧失其在共同财产份额上的权利。

第二百五十六条　共同共有财产的占有、使用和处分

1. 共同共有人共同占有和使用共同财产，他们之间的协议另有约定的除外。

2. 处分共同共有财产需经全体共有人同意，且无论由哪位共有人实施财产处分行为，均推定已获得全体同意。但该规则不适用于不动产的处分，处分不动产必须取得全体共同共有人的书面同意。

3. 任何共同共有财产的共有人均有权对共有财产实施处分行为，但全体共有人另有约定的除外。若某一共有人未经特别授权擅自处分共有财产，其他共有人可主张该交易无效；但主张无效的前提是必须证明交易相对方明知或应知该共有人无单独处分权（本法典第一百七十五条）。

4. 如果对共有财产的单独形式法律没有另外规定的，则适用本条的规则。

第二百五十七条　共同共有财产的分割和份额的分出

1. 共同共有人之间分割共有财产，以及从共有财产中分出一个共有人的份额，可在事先确定共有财产权中每一共有人的份额之后进行。

2. 在分割共有财产和从中分出份额时，如果法律或共有人的协议未有不同规定，则认为所有共有人的份额均等。

3. 分割共有财产和从中分出份额的根据和程序依照本法典第二百五十五条的规则确定，由于法律未对某些类型的共同财产作出不同规定，且该规定亦不源于共有人关系的本质。

第二百五十八条　对共有财产中份额的追索

按份或共同共有人的债权人在其他财产不足时，有权要求分出债务人在共有财产中的份额，以便对其追偿。

如果在这种情况下无法分出实物份额，或按份或共同共有的其他共有人对此表示反对的，债权人有权要求债务人以与该份额市场价值相当的价格将其份额出售给共同共有的其他共有人，并将出售该份额所得的资金用于清偿债务。

在其他共有人拒绝购买债务人份额的情况下，债权人有权请求法院通过公开拍卖债务人在共有财产中的份额进行追偿。

第二百五十九条　夫妻共有

1. 夫妻在婚姻存续期间积累的财产，是夫妻共同共有财产，但当事人另有约定除外。

2. 婚前属于各方的财产，以及配偶各方在婚姻存续期间得到的赠与或遗产，属于夫妻一方财产。

除贵重物品和其他奢侈品外，个人使用的物品（衣服、鞋等），尽管它们是在婚姻存续期间使用夫妻共同资金所购买，亦被认为是夫妻一方的财产。

如果确定在婚姻存续期间，由夫妻共同财产支付或夫妻另一方个人财产投资大大增加了该财产的价值（主要维修、改建、装修等），夫妻每个人的财产被视为他们的共同财产。夫妻之间的合同另有规定，则不适用本规则。

3. 夫妻一方的债务，只能对其所有的财产以及夫妻共同财产分割时其应得的份额进行追偿。不允许对属于夫妻共同财产的单一企业财产进行追偿。

在分割夫妻共同财产时，普通合伙、有限责任公司或补充责任公司成员的夫妻有权要求法院承认其夫妻在有关合伙或公司注册资本中应得的份额。

在法院认定作为普通合伙、有限责任公司或补充责任公司成员的夫妻一方，有权取得其夫妻在相应合伙或公司注册资本中的应得份额，且经该合伙或公司其他成员同意，则该夫妻可选择成为该合伙或公司的成员，或要求支付其应得份额的对应价值，或以实物形式获得相应价值的财产。在此情况下，若该合伙或公司拒绝接纳其为成员，则必须向该夫妻支付其应得份额的对应价值，或以实物形式提供相应价值的财产。

关于合伙或公司注册资本中应得份额价值的确定及其支付（或以实物形式偿付），应依照本法典第六十四条第二款规定在该合伙或公司章程规定的期限内完成，但自夫妻提出相应要求之日起最长不得超过十二个月。

本款第一项和第二项的规定适用于夫妻共同财产的分割情形，其中一方为生产合作社成员。在此情况下，夫妻方在生产合作社财产中的股金份额价值确定及其支付（或以实物形式偿付），应依照本法典第一百一十一条第一款规定，并在该生产合作社章程规定的期限内完成，但自夫妻提出相应要求之日起最长不得超过十二个月。

4. 夫妻一方的债务，只能对其所有的财产以及夫妻共同财产分割时其应得的份额进行追偿。

第二百六十条　删除。

第二百六十一条　删除。

第十七章　不动产物权

第二百六十二条　土地所有权

土地可以由土地使用人根据土地保护与利用相关法律及本法典规定的拥有物权。

土地权利以及其限制（负担），按照土保护与使用和民法规定的程序产生、转让和终止。

第二百六十三条　公用土地、土地自由通过权

1. 公民有权自由地、无需任何许可进入属于白俄罗斯共和国所有且未限制公众通行的土地，并在法律允许的范围内使用该土地上的自然资源。

2. 如果土地没有被围起来，或者其土地使用者没有以其他方式明确标明未经允许不得进入该地块，那么任何人都可以穿过该地块，只要这不会对土地使用者造成损害或困扰。

第二百六十四条　删除。

第二百六十五条　删除。

第二百六十六条　删除。

第二百六十七条　在土地上的基本建筑（建筑物、设施）转让时土地权利的转移

1. 在基本建筑（建筑物、设施）、未完工的已封存的建筑物的权利转移给这些建筑物的购买人时，土地权利和限制（负担）也按照土地保护和利用法律规定的程序转移。

2. 在位于租赁土地上的基本建筑（建筑物、设施）、未完工的已封存的建筑物的权利转移给这些建筑物的购买人时，相应土地租赁合同的权利和义务也随之转移给购买人，租赁期限为相应土地租赁合同的剩余期限，并按照土地保护和利用法律规定的程序进行

第二百六十八条　有限使用他人土地的权利（地役权）

1. 不动产所有权人有权要求邻地的所有权人，必要时还有权要求其他土地的所有权人提供相邻土地的有限使用权（地役权）。

2. 为土地设定地役权负担不剥夺供役地所有权人占有、使用和处分该土地的权利。

3. 地役权根据要求设立地役权的人与不动产所有人之间的协议确定，并应按照关于不动产权利和法律行为国家登记法律规定的程序进行国家登记。在地役权的设定或条件未达成协议的情况下，由法院应根据要求设立地役权的人的请求解决争议。

4. 除法律另有规定外，以地役权担保的不动产的所有人有权要求地役权受益人为使用不动产支付相应的费用。

5. 与有限使用他人土地权（土地地役权）有关的关系受土地保护和使用法律的调整。有限使用他人土地权（土地地役权）根据土地保护和使用法律设立和终止根据，并使用土地。

第二百六十九条　在土地权利移转时地役权的保留

1. 在已设定地役权负担的土地的权利向他人移转时，该地役权仍然保留。

2. 地役权不能成为买卖、抵押的独立标的，也不能以任何方式转让给设立了地役权不动产的非所有人。

第二百七十条　地役权的终止

1. 按照地役权担保财产所有人的请求，地役权可因地役权设定理由的消失而终止。

2. 在属于公民或法人的不动产由于地役权负担不能根据用途使用时，所有人有权要求法院终止地役权。

第二百七十一条　删除。

第十八章　住房的所有权和其他物权

第二百七十二条　住房和套房所有权

1. 所有人对属于他的住房根据其用途行使占有、使用和处分的权利。

2. 住房是为公民居住设计的。

住房所有人的公民可以为个人居住和其家庭成员单独或与家庭一起居住使用住房。

住房可以由其所有权人根据合同提供给他人居住。

3. 不允许在住宅中进行工业生产。

只有在该房屋转为非住宅后允许将机构及其分支机构安置在所有人住宅内，法律另有规定的除外。房屋由住宅改为非住宅应按照住房法规定的程序进行。

第二百七十三条　作为所有权客体的住宅

公寓楼内的公寓连同他在公寓内占有的房屋，大楼共同财产所有权份额属于所有人（本法典第二百七十四条）。

第二百七十四条　公寓楼内所有人的共同财产

1. 按份共有的大楼共同房屋、房屋结构、为一个以上公寓服务的公寓外或公寓内的机械、电气、卫生和其他设备，以及在法律或合同规定的情况下的其他财产属于公寓楼内公寓的所有人。

按份共有财产中共有财产的占有和使用应按照住房法规定的程序进行，该程序不受本法规的约束。

2. 公寓所有人无权转让其在公寓共有财产所有权中的份额，以及进行导致该份额与公寓所有权分开转让的其他行为。按份共有财产的转让根据住房和（或）非住房所有人大会的决定，经住房和（或）非住房所有人总数的三分之二同意进行。

3. 为了保障多套住宅房屋的利用、住宅及共有财产的使用，住宅所有权人可以在法律规定的情况下成立住宅所有权人协会。住宅所有权人协会是依照住宅所有权人协会法成立和进行活动的非商业组织。

第二百七十五条　住房所有权人家庭成员的权利

1. 居住在其住房内的所有人家庭成员有权按照住宅法规定的条件使用该房屋。

2. 公寓楼或公寓所有权转让给他人不是终止原所有人家庭成员住房使用权的理由，住宅法另有规定的除外。

3. 住宅所有人的家庭成员可以要求任何人，包括住宅所有人排除侵犯其住宅权利的行为。

4. 删除。

第二百七十五条之一　没收所有人的住宅

按照法律规定的情况和程序可以没收所有人的住宅。

第十九章　经营权和业务管理权

第二百七十六条　经营权

1. 单一制企业或国家联合体，以及在白俄罗斯总统规定情况下享有财产经营权的其他法人，根据法律确定的范围行使该财产的占有、使用和处分权。

2. 财产所有人依法决定单一制企业的设立、确定其活动主题和目标、重组和清算，任命单一制企业负责人，监管属于单一制企业财产维护和按用途使用。

拥有财产经营权的所有人监监管该财产的维护和按用途使用，以及有权从其使用中获得部分利润。

3. 未经所有人同意，法人无权将其不动产经营权出售、出租、抵押、作为出资投入公司和合伙企业的注册资本中或以其他方式处分该财产。

除法律或财产所有人规定外，属于法人的其他财产经营权，法人可以独立处分。

第二百七十七条　业务管理权

1. 国有企业、机构或国家联合会享有划拨财产业务管理权，对于划拨给其财产在法律规定的范围根据其活动宗旨、所有人的任务和财产用途行使占有、使用和处分权。

2. 划拨业务管理权给国有企业、机构或国家联合会的财产所有人有权收缴多余的、未使用或为按用途使用的财产和按自己的意愿处分财产。

3. 共和国国家社会联合会的财产业务管理权划拨给具备法人资格的组织机构，共和国国家社会联合体章程另有规定的除外。

本法典第二百七十九条、第二百八十条和第二百八十一条第二款规定的规则适用于共和国国家社会联合会的财产业务管理权划拨给具备法人资格的组织机构。

第二百七十八条　财产业务管理权划拨给国有企业和国家联合会财产的处分

1. 国有企业只有取得该财产所有权人的同意，才有权对划拨给它的财产进行转让或进行其他处分。国有企业有权按照国家财产处分法律规定的程序将国家所有的财产抵押，白俄罗斯共和国总统另有规定的除外。

国有企业独立销售其所生产的产品，但是法律另有规定的除外。

2. 国有企业收入的分配办法由其财产所有权人决定。

3. 本条第一款和第二款规定的规则适用于财产具有业务管理权的国有联合企业，除非白俄罗斯共和国总统另有规定。

第二百七十九条　机构财产的处分

1. 除本法典或其他法律另有规定外，未经业主同意，机构不得转让或以其他方式处分划拨给它的财产和以分配给它的资金获得的财产。除白俄罗斯共和国总统另有规定外，机构有权按照国家财产处分法律规定的程序将国家所有的财产抵押，而私有财产经财产所有人或其授权人同意后抵押。

2. 如果根据设立文件授权机构从事创收活动，因这样的活动产生的收入和获得的财产由机构独立支配和计入单独资产负债表（在适用简化税收制度的组织和个体工商户的收入和支出分类账中单独列报），法律另有规定的除外。

第二百八十条　经营权和业务管理权的取得和终止

1. 由所有人划拨给单一制企业、机构或国有联合会的财产，自财产交付之时起，该企业、机构或国有联合会经营权和业务管理权产生，法律另有规定的除外。

2. 由于处于经营或业务管理中财产的使用产生的果实、产品和收入，以及由单一制企业、机构或国家联合会根据合同或其他理由获得的财产，根据法律规定获得所有权的程序，进入企业、机构或国家联合会经营和业务管理。上述法人的财产所有人获得这些果实、产品、收入和财产的所有权。

3. 财产经营权和业务管理权按照法律规定的终止所有权的理由和程序，以及在所有人决定依法没收企业、机构或国家联合会财产的情况下终止。

第二百八十一条　在企业或机构财产转移给其他所有人时财产权的保留

1. 在企业所有权作为财产综合体转移给其他所有人时，拥有该企业经营权的法人，除白俄罗斯共和国总统或合同另有规定外，保留属于该企业的经营权。

2. 在机构财产所有权移转给他人时，该机构保留划拨给其财产的业务管理权。

第二十章 所有权和其他物权的保护

第二百八十二条 要求返还被他人非法占有的财产

所有权人有权要求返还其被他人非法占有的财产。

第二百八十三条 向善意取得人要求返还财产

1. 如果财产是从无权处分人处有偿取得，取得人不知道也不可能知道（善意取得人），在所有人或财产被所有权人移交给其占有的人丢失的，或者从其中一方被盗，或者以其他非出于其意志的方式脱离其占有的，则所有人有权向取得人追偿该财产。

2. 如果财产系从无权处分人处无偿取得，则财产所有权人在任何情况下均有权要求返还该财产。

3. 对金钱、无记名有价证券，不得向善意取得人要求返还。

第二百八十四条 返还非法占有财产时的结算

在向非法占有人追偿财产时，所有人有权要求明知或应知其占有非法（恶意占有人）的人返还或赔偿其在全部占有期间已取得或应取得的全部收益；而对于善意占有人，所有人可要求其返还或赔偿自该占有人知悉或应当知悉占有非法之时起，或自其收到所有人关于返还财产的诉讼传票之日起已取得或应取得的全部收益。

无论是善意还是恶意占有人均有权要求所有人补偿其从其应得财产收入之时起为财产支出的必要费用。

善意占有人有权保留其对财产所做的改善部分，前提是这些改善能够在不损害财产的情况下被分开。若无法在不造成损坏的情况下分考改善部分，则善意占有人可要求所有权人赔偿其用于改善的支出，但赔偿金额不得超过财产因此增加的价值。

第二百八十五条　保护所有权免受与剥夺占有无关的侵犯

所有人可以要求排除对其权利的任何侵犯，即使这些侵犯与剥夺占有无关。

第二百八十六条　对非所有权人的占有人的权利的保护

本法典第二百八十二条至第二百八十五条规定的权利属于虽然不是所有人，但以终身继承、经营、业务管理权或法律或合同规定的其他理由占有财产的人。该人有权保护其占有并对抗所有人。

第二百八十七条　依法终止所有权的后果

在通过终止所有权法律的情况下，因该法律的通过对财产所有人造成的损失，包括财产价值，由国家赔偿。赔偿损失的争议由法院解决。